JN232621

情報セキュリティ対策の要点

―― 実務と理論 ――

持田　敏之
舩曳　信生　編著

コロナ社

編著者

| 持田　敏之 | NECネクサソリューションズ株式会社 コンサルティング部 |
| 舩曵　信生 | 岡山大学工学部通信ネットワーク工学科 |

執筆者（五十音順）

小峰　光	NECネクサソリューションズ株式会社 セキュリティビジネスセンター	4章
佐藤　隆哉	NECネクサソリューションズ株式会社 セキュリティビジネスセンター	2章
中西　透	岡山大学工学部通信ネットワーク工学科	8章
野上　保之	岡山大学工学部通信ネットワーク工学科	7章
三浦　悦也	NECネクサソリューションズ株式会社 アウトソーシング事業推進部	3, 5章
南　啓二	UFJ銀行 リテール業務部	6章
矢崎　昭雄	NECネクサソリューションズ株式会社 セキュリティビジネスセンター	1章

（所属は編集当時）

まえがき

　情報セキュリティ対策の必要性，重要性について，もはや是非を論ずる余地はなく，いかに組織(企業・団体)の活動の中に最適な仕組みとして構築するかが急務となってきている。セキュリティに関する脆弱性により貴重な資産が失われるだけでなく，組織，はたまた企業全体の活動を停止させる可能性すらあることは誰も否定しない。

本書発刊の目的

　本書は，そうした背景を踏まえ，組織内に最適なセキュリティ対策の仕組み構築をする際に実務書として活用いただけることを目的に要点をまとめたが，加えて重要な要素技術に関する理論についての解説も行い，研究に携わる読者にも利用いただけるよう工夫した。本書の特徴として，組織のセキュリティ対策を実務として企業等に実施している専門家と，最先端の技術研究を行っている第一線の大学研究者とが共同で**実務と理論**を記した点にある。

　セキュリティ対策で重要な技術として位置づけられる**暗号や認証**に関する理論は実務者から見ればすでに製品などに組み込まれてブラックボックス化されており，その詳細を知る機会は減りつつある。しかし，一般的に安全性と利便性とはトレードオフの関係にあり，その最適解を探るために，そして必要以上の過大な対策投資を避けるためにも重要な要素技術に関する理論を理解することは必要不可欠である。

　また，研究者にとって実務を知ることは，最先端の技術や理論がどのように活かされるべきか，実務で発生している問題から，新たな研究テーマをどのように選定すべきかを考える点で非常に重要であるといえる。

　本書発刊の目的は，実務者にとって対策の手引きと必要な理論の理解，研究

者にとって実務の理解という点に主眼を置き，それぞれがセキュリティ対策の重要性を認識することにある．

本書の内容

本書は以下の内容で構成されている (図 *0.1* 本書の構成参照)．

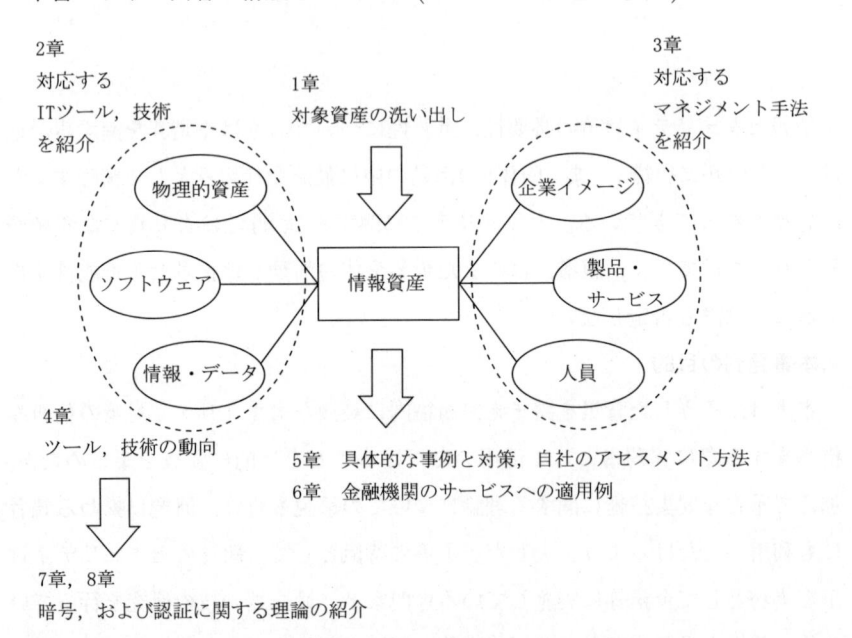

```
2章                                              3章
対応する              1章                        対応する
ITツール，技術        対象資産の洗い出し          マネジメント手法
を紹介                                            を紹介

        物理的資産              企業イメージ

        ソフトウェア   情報資産  製品・サービス

        情報・データ            人員

4章
ツール，技術の動向
            5章  具体的な事例と対策，自社のアセスメント方法
            6章  金融機関のサービスへの適用例

7章，8章
暗号，および認証に関する理論の紹介
```

図 *0.1*　本書の構成

まず1章では，セキュリティ対策の対象となる**情報資産**の洗い出しを行う．一般に情報資産というと顧客データやコンピュータシステムと捉えがちであるが，冒頭述べたようにセキュリティに関する問題の影響度は組織活動全般に及ぶ危険性を孕んでいる．したがって，対象となる情報資産の洗い出しを行い，対象資産台帳として整理し，対策の漏れや重複がないよう管理することが必要となる．その他，1章では脅威の想定，リスク評価・被害の算定に関して要点をまとめる．

2章では，**図*0.1***の左側にあたる物理的資産，ソフトウェア，情報・データ

を守るために具体的にどう対策を講ずるべきかを，**情報システムを守る**という観点と**狭義の情報資産** (ソフトウェア，情報・データ) を守るという観点でまとめる。これらは一般的に IT 関連のツールや最新の技術活用が有効となるが，その活用方法や守るべきポイントに関して紹介する。

3 章では，セキュリティマネジメントに関して要点を整理する。一般に**図0.1**の右側にあたる情報資産，企業イメージ，製品・サービス，人員を守るにはセキュリティマネジメントが重要であり，具体的な手法として，組織マネジメント，法的マネジメント，システム的マネジメントを取り上げて組織内への浸透方法等に関して紹介する。

4 章は，2 章の補足として，近い将来適用されるであろう技術に関して紹介を試みる。具体的な IT ツールや技術導入を検討されている方にとって採用可否検討の情報として活用していただくことを想定している。

5 章では，具体的な対策の実装方法を実際に発生しているケースを参考に紹介する。また，実務者にとって対象となる組織の対策状況の実態を知ること，言い換えれば堅牢性，脆弱性を確認し認識することはつぎの対策を講じる上で必要なことであり，その確認を行う**アセスメント**の方法についてその概要を紹介する。

6 章は，少し観点を変え，一般に広く普及している金融機関におけるインターネットバンキングサービス事例を取り上げ，そのサービス提供の中でセキュリティ関連の対策がどのように施されているのかを紹介し，身近なテーマとしてセキュリティ対策の関連性を認識する。先端的技術が実際にどのように応用され，また仕掛けとして組み込まれているのかを参考にしていただきたい。

7 章，および 8 章では，それぞれセキュリティに関わる重要な理論である**公開鍵暗号方式**，および**認証とプライバシー保護**を取り上げる。特に 2 章との関連で利用・活用されるツールや技術を支える基本的な理論を理解し，実務としてのセキュリティ対策の仕組み構築に役立てていただきたい。

本書の活用方法

本書は，つぎの読者に対してそれぞれ有用な書として活用いただきたいと考

えている。

　組織内においてセキュリティに関する実務を担当されている方には，組織へのセキュリティ技術の適用を図る手引き書として活用いただきたい。**本書の内容**で示したように，本書は各章ごとに内容が分かれており，現状，セキュリティ対策が不十分と認識されているなら，情報資産の洗い出しと整理，および自組織のアセスメントを通じて必要な対策を優先順位をつけ具体策を講じる。また，すでにある程度の対策を講じられているようであれば，対策の漏れがないかの確認や行われている対策のレビューに活用いただきたい。

　研究をされている方には，理論がどのように役立ち，利用・活用されているかや発生している問題の一端を知ることで，さらに研究の幅を広げるとともにテーマの選定等に活用いただきたい。

　また，ビジネスマン全般，企業の経営トップの方には，組織運営におけるセキュリティ対策の重要性を再認識し，経営リソースの投入判断やリスクマネジメントに役立てていただきたい。

　最後に

　冒頭に述べたようにセキュリティ対策は待ったなしの状況にきている。本書により**実務と理論**の理解が深まり，セキュリティ対策の仕掛けを構築する上で，また，理論をより深く研究する上で一助となれば幸いである。

　なお，本書の内容は，岡山大学工学部通信ネットワーク工学科3年次生向けの講義「情報セキュリティ」における講義録を元に，その内容を発展させたものである。この講義は，情報セキュリティに関し，企業実務者による実際面での講義と大学研究者による理論面での講義を一体として進める，非常にユニークなものである。

2004年12月

持田　敏之
舩曳　信生

目　　次

1.　セキュリティに関わるリスク

1.1　情報資産とは 1
1.2　セキュリティに関わる脅威 5
　1.2.1　脅威の体系的整理 5
　1.2.2　攻撃の発生場所と攻撃の発生原因のマトリックス 6
　1.2.3　攻撃パターンからの整理 8
1.3　被害額の想定 13

2.　情報資産を守る仕組み

2.1　情報システムをどう守るか 20
　2.1.1　境界線の最前線はファイアウォール 20
　2.1.2　境界線でのウイルス対策 22
　2.1.3　サービス妨害対策 23
　2.1.4　内部を監視して侵入を検知するIDS 28
　2.1.5　確かな認証がすべてのスタート 31
　2.1.6　アクセスコントロールの勘所 34
　2.1.7　内部ネットワークの管理は認証が重要課題 37
2.2　情報資産をどう守るか 39
　2.2.1　情報のネットワーク経由での漏洩を防ぐ 39
　2.2.2　メディア経由での漏洩を防ぐ 42
　2.2.3　改ざん，破壊を防ぐ 44
2.3　ま　と　め 46

3. セキュリティマネジメント

- 3.1 セキュリティマネジメントの手法 48
  - 3.1.1 マネジメントの重要性とマネジメント手法 48
  - 3.1.2 セキュリティ管理 49
- 3.2 セキュリティポリシーの策定 52
  - 3.2.1 セキュリティポリシー・方針の策定 52
  - 3.2.2 セキュリティポリシーの構成 53
  - 3.2.3 セキュリティポリシー策定の方法 55
- 3.3 セキュリティ運用の継続 57
  - 3.3.1 セキュリティ運用の継続的な実行 57
  - 3.3.2 監査制度の活用 60

4. 活用できるこれからのセキュリティ技術

- 4.1 ポストファイアウォール，技術の変遷と今後 64
  - 4.1.1 第一世代 64
  - 4.1.2 第二世代 66
  - 4.1.3 シグネチャ技術 70
- 4.2 ファイアウォール技術に今後求められるもの 71
  - 4.2.1 外部→内部の攻撃防御から内部→外部の通信制御へ 71
  - 4.2.2 サービス制御 73
  - 4.2.3 不正侵入検知 75
  - 4.2.4 パッチコントロール技術 81
  - 4.2.5 統合化 82
- 4.3 まとめ 83

5. 具体的セキュリティ事象と対策

- 5.1 セキュリティ対策とアセスメント 85
  - 5.1.1 セキュリティ対策実現の手順 85
  - 5.1.2 セキュリティ被害の原因から見た対策 88

5.1.3　セキュリティアセスメントの実際 93
5.2　ま　と　め 99

6.　インターネットバンキングサービス

6.1　非対面での金融機関サービスについて 101
6.2　インターネットバンキング/モバイルバンキングの普及 102
6.3　安全対策について 104
6.4　インターネットにおける決済サービスについて 105

7.　公開鍵暗号方式

7.1　RSA暗号方式 112
　　7.1.1　数学的準備 113
　　7.1.2　RSA暗　号 115
　　7.1.3　RSA暗号の安全性の根拠 118
7.2　楕円曲線暗号 120
　　7.2.1　数学的準備 121
　　7.2.2　楕　円　曲　線 124
　　7.2.3　楕円曲線暗号 127
　　7.2.4　楕円曲線暗号の安全性 131
　　7.2.5　公開鍵暗号方式としての楕円曲線暗号 133
　　7.2.6　楕円曲線暗号で使う数学的な道具 135

8.　認証とプライバシー保護

8.1　認　証　と　は 138
　　8.1.1　ユーザ認証 139
　　8.1.2　メッセージ認証 139
8.2　ディジタル署名 141
　　8.2.1　ディジタル署名の概要 141
　　8.2.2　公開鍵暗号に基づいた署名 143
　　8.2.3　零知識証明と署名 145

8.2.4　PKI *147*
8.3　認証におけるプライバシー問題 *148*
　　8.3.1　ユーザの履歴情報の問題 *148*
　　8.3.2　ブラインド署名による解決策と問題点 *148*
　　8.3.3　匿名ユーザによる不正の問題 *151*
8.4　グループ署名 *152*
　　8.4.1　グループ署名の概念 *152*
　　8.4.2　グループ署名の原理 *153*

引用・参考文献 *158*
索　　引 *160*

1 セキュリティに関わるリスク

　セキュリティ対策を怠ると企業では実際にどんなことが起こるのだろうか。まず，なにに対して対策を講ずる必要があるのか，そしてどのような被害を想定しなければならないのか。

　本章ではセキュリティ対策の対象とすべき情報資産を明らかにするとともに，その情報資産の損失につながる脅威の整理と被害額算出の例示によって，セキュリティ対策の重要性を確認する。

1.1 情報資産とは

　まず，セキュリティ対策の対象となる「情報資産」の範囲を明確化する。

　「情報資産」の明確化のためには，情報資産の分類を一定の規準に基づいて体系化されたものに当てはめてみるのがよい。これは情報資産の洗い出しのときに漏れや重複を防ぐことができ，企業や組織のセキュリティ対策を考える際に有効な方法である。

　本書では情報セキュリティマネジメントシステム (information security management system：ISMS) を基に情報資産の体系的な整理を行う。

　ISMS ガイドでは情報資産の分類の例として以下の (a)～(f) の 6 分類を挙げている。

(a) 物理的資産 (コンピュータ・ハードウェア，通信機器，施設・設備 (電源設備，建物等))

1. セキュリティに関わるリスク

(b) 情報・データ (文書，データベース等)
(c) ソフトウェア (アプリケーションソフトウェア，OS，開発ツール等)
(d) 製品やサービス
(e) 企業イメージ (企業の評判，信頼度等)
(f) 人員 (社員 [利用者，運用管理者等]，顧客等)

　コンピュータ上の情報やデータのみを情報資産と捉えてしまいがちであるが，コンピュータそのものなどの物理的資産やコンピュータが提供するサービスを利用している利用者なども情報資産として取り上げることが必要である。

　以下，(a)〜(f) の各情報資産について，具体例を挙げながら情報セキュリティの視点で整理を行っていく (図 *1.1*)。

図 *1.1*　情報資産

(a)　**物理的資産**　　コンピュータのハードウェアや通信機器，施設・設備 (電源設備，建物等) などがこれにあたる。

　物理的資産は，その資産に関わる直接的な被害だけでなく業務システム全体

に与える影響が大きい。したがって，盗難，破壊などの対策以外に性能劣化にともなう影響度を考慮した**適切な**メンテナンスも重要なセキュリティマネジメントの要件であるといえる。例えば銀行間を繋ぐ1本の回線の破壊が配下にある全ATMを止めてしまえば，利用者に甚大な被害をもたらすことは想像に容易い。

(b) **情報・データ**　コンピュータやその周辺装置，記録媒体等に保存されている企業が保有するファイル，データベースや文書などがこれにあたる。

情報・データは，他の情報資産に比べてセキュリティに関わるリスクの種類や実際の被害発生件数が多い。これらに関するセキュリティマネジメントの要件としては，情報・データの盗難や改ざんを防ぐことはもちろん，その確かさを保障できるといったことも重要である。つまり，情報・データの作成や変更，または利用に関する履歴や保管方法，耐障害性の確保などといった管理がなされていなければならない。

(c) **ソフトウェア**　アプリケーション，オペレーティングシステム (OS)，開発ツールなどがこれにあたる。ソフトウェアに関わるセキュリティリスクは，二つに大別できる。一つはソフトウェアを含んだシステム全体としての機能・性能の低下に関わるリスクである。たとえソフトウェアの一部の欠陥であっても，業務システム全体にわたって及ぼす影響は少なくない。もう一つはソフトウェアの不正使用に関わるリスクである。このリスクには，賠償請求などの法的，金銭的リスクや社会的信用失墜という企業イメージに関わるリスクなどが含まれる。

(d) **製品やサービス**　企業や組織が市場，利用者に提供する製品やサービスなどがこれにあたる。

セキュリティ攻撃を受けた製品やサービスがその機能を十分に果たさなくなるケース，製品やサービスがセキュリティ攻撃に対して十分な強度を持っていなかったために，製品やサービスの供給を受けた利用者が簡単にセキュリティ攻撃を受けてしまうといったケースなどが考えられる。

セキュリティ的欠陥(製品やサービスの脆弱性)を含んだままの製品やサー

ビスを市場，利用者に提供することは，それによって発生した損害の賠償責任を発生させたり，企業イメージにダメージを与えたりすることにつながることも忘れてはならない．

(e) **企業イメージ**　企業や組織の評判，信頼度，ブランディングなどがこれにあたる．

企業イメージは直接的にコントロールすることは難しく，かつ企業にとっての重要な資産の一つである．企業や組織がセキュリティの被害を受けたという事実は，その企業や組織がセキュリティに対する十分な対策を行っていなかったことや，その企業や組織のセキュリティに対する認識の低さなどを公にすることを意味している．

つまり，(事実関係がどうであれ) 企業や組織の体質そのものへの疑念や，その企業や組織が提供する製品やサービスの品質に対する信頼低下を招いてしまう恐れがある．

また，セキュリティ攻撃の中には，攻撃を受けた企業や組織自体に被害を及ぼすタイプのものだけでなく，その企業や組織が保有，利用しているコンピュータシステム (特に多いのはメールシステムや Web システム) を踏み台にしてさらに他の企業や組織のコンピュータに被害を拡大させるタイプのものがある．このようなタイプの被害を受けた企業や組織は実質的には被害者でありながら，同時に被害を拡大させてしまった加害者でもある．

セキュリティ攻撃者 (ハッカー) に関与していなかったとはいえ，不適切なセキュリティ対策が被害を拡大させたことの社会的責任は取らなければならない．企業や組織は被害者に対しそのセキュリティ攻撃が自らの意図ではなかったことを立証，説明しなければならないし，その調査のための時間と費用もその企業や組織の責任範囲で負担しなければならない．

もう一つ，企業イメージにダメージを与える例としては，成り済ましやデマによる情報操作の類が挙げられる．

例えば，その企業や組織，そこに属する特定の個人に成り済まし，企業や組織，製品やサービスの信用を落とすような内容 (デマや事実の一部抜き出し，

特定相手への公平性を欠く攻撃など)が，電子メールを使って第三者に送信されたり，Web上の掲示板へ書き込まれたりするようなケースである。

攻撃を受けた企業や組織にしてみれば，その攻撃が行われているという事実さえ知らないまま，イメージダウンという被害だけが確認できるという事態にもなりかねない。

(f) 人 員 情報資産やその情報資産を用いて提供される製品・サービスを利用する社員や顧客などがこれにあたる。

これまで洗い出したすべての情報資産は，社員や顧客といった利用者に正しく利用されて初めてその価値を生む。情報資産の正しい利用・活用方法の遡及，徹底といったマネジメントが必要になってくるのである。

また組織に従属する社員などの場合は，情報資産の利用者としてだけでなく，その運用管理者として機能する場合もあり，より多くのマネジメント要件項目が必要となる。

一方，これら人員の規範や言動そのものが情報資産であるという見方もできる。なぜなら社員や利用者などの言動，行動が先に示した企業イメージに大きな影響を及ぼす可能性があるからである。

1.2 セキュリティに関わる脅威

1.2.1 脅威の体系的整理

本項ではセキュリティのリスクの大きさを知るために，関わる脅威も明確にしておく。セキュリティリスクは「リスク＝資産価値×脅威×脆弱性」の式で表され，脅威や脆弱性を同時に把握することで初めて正しいリスクが評価できる。単純な式ではあるが正確にリスク評価がなされている企業や組織は意外に少ない(**図1.2**)。

脅威の把握には，情報資産のときと同様に企業や組織の情報セキュリティに影響を及ぼす脅威の種類を体系的に整理することが有効である。

リスク＝資産価値×脅威×脆弱性

図 **1.2** セキュリティリスクの計算式

本書では，攻撃の発生場所と発生原因のマトリックスによる整理の方法と攻撃パターンによる整理の方法の二つを紹介する。

1.2.2 攻撃の発生場所と攻撃の発生原因のマトリックス

まず，攻撃の発生場所と攻撃の発生原因のマトリックスによる整理方法を考えてみる。

(a) **内部からと外部から**　セキュリティ攻撃は発生場所によって組織 (団体) の外部と内部に分けることができる。

その企業や組織に属さない第三者や第三者の保有，使用するコンピュータがセキュリティ攻撃の発生場所であるケースがある。これを**外部からの攻撃**と呼ぶ。

企業や組織に属する社員や企業の保有，使用するコンピュータがセキュリティ攻撃の発生場所であるケースもある。これを**内部からの攻撃**と呼ぶ。

(b) **作為と不作為**　他方，そのセキュリティ攻撃が**作為**的に行われるものであるのか，**不作為**的に行われるものであるのか，攻撃の発生原因で分けることができる。

一般的には"攻撃"があれば，なんらかの作為を持ってのことだと考えられる。それがセキュリティ攻撃であっても本来的には変わりはない。

しかし，情報セキュリティの分野では作為がなくとも"攻撃"と同等の結果を生み出してしまうことが意外に多い。このケースをここでは不作為的に行われた"攻撃"と呼ぶ。

作為的に行われるセキュリティ攻撃には，持ち出した情報を利用してライバル会社への営業妨害を仕掛けるなど利益を得ることを目的としたもののほか

に，技術力を誇示したり被害を受けた側の狼狽振りを楽しんだりすることを目的とした，いわゆる愉快犯と呼ばれる類のものが存在する．

(c) 4事象による体系 この**内部から**と**外部から**の攻撃の発生場所による分類と，**作為**と**不作為**の攻撃の発生原因による分類のマトリックスを考えると，セキュリティ攻撃は，四つの事象に分類できる．すなわち「内部から×不作為」，「外部から×不作為」，「外部から×作為」，「内部から×作為」の四つの事象である(図**1.3**)．

	不作為	作為
外部から	事象2	事象3
内部から	事象1	事象4

図**1.3** 攻撃の発生場所と攻撃の発生原因のマトリックス

セキュリティ攻撃をこの四つの事象のどこにあてはまるのかを考えることで，それぞれのセキュリティ攻撃に対する有効な打ち手が明確になる．

・内部から×不作為

うっかりミスや環境変化によるものがこの事象の典型例である．この脅威による被害は，セキュリティマネジメントを強化することにより未然に防げる場合が多い．

社員教育や管理の徹底によるうっかりミス発生防止策に加えて，不可抗力と思えるような，例えば静電気などの環境への対策を併用していくことが必要である．

・外部から×不作為

地震や停電といった環境変化によるものや，作為を持った者が作為のない者を踏み台や成り済ましに利用することで発生する二次的な攻撃などがこの事象

の例である．この事象に対するマネジメント要件は，もっぱら技術的な対策に頼らざるを得ない．また，踏み台や成り済ましに利用されて自らが不作為の攻撃者とならないようなマネジメントも重要である．

・外部から×作為

セキュリティ攻撃の多くはこの事象にあてはまる．作為の中身としては，先に挙げたように利益目的のものと愉快犯的なものとが存在する．セキュリティ攻撃の手段として一般化されたものは模倣犯の存在によりその攻撃の数が膨大に増える傾向があり，社会現象にまで発展するケースがある．また，技術力の誇示や実験目的の場合には高度な技術が使われる傾向があり，いままでにない新しい技術が使われることも多い．この事象に対するマネジメント要件は，企業や組織側では脅威の発生そのものをコントロールすることができないために，技術的な対応策に頼らざるを得ない．対策技術をつねに最新のものに保つというマネジメント要件が重要である．

・内部から×作為

社員による機密情報の持ち出しなどがこの事象の典型的な例である．例えば持ち出された個人情報が第三者へ転売され，企業や組織の受ける被害はさらに拡大することがある．

また，犯行が内部の社員などによるものであることから，犯行の手口が巧妙でわかりにくく防ぎにくいという傾向もある．

社員や外部の契約社員などを受け入れる際のチェックや教育，ケアなどが重要であるとともに技術的な対応策の実施も併せて必要となる．

1.2.3 攻撃パターンからの整理

つぎに，攻撃パターンからの整理を行ってみる．発生場所と発生原因のマトリックスによる整理に併せて，攻撃パターンによる整理を行っておくことは，この後具体的な技術的対策を検討する際に役立つ(図**1.4**)．

(a) 侵 入 セキュリティ攻撃者(ハッカー)が，企業や組織内のネットワークなどを介してそのネットワーク上にある情報資源に不正にアクセスする

攻撃パターン

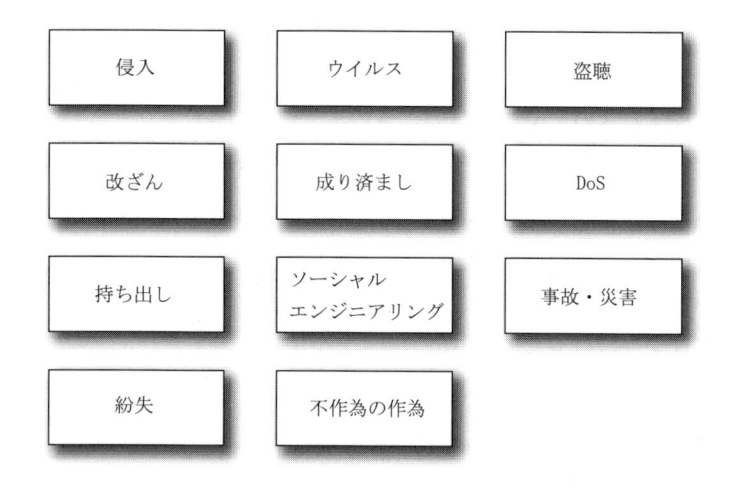

侵入	ウイルス	盗聴
改ざん	成り済まし	DoS
持ち出し	ソーシャルエンジニアリング	事故・災害
紛失	不作為の作為	

図 **1.4** 攻撃パターン

ことを"侵入"と呼ぶ。

　企業や組織が"侵入"を受けると，情報・データを盗まれたり，コンピュータ本体や周辺装置などの物理的資産や，ソフトウェアなどの情報システムを破壊されたりする可能性が高まる。

　ネットワークを介した侵入行為は物理的な侵入と異なり姿かたちを捉えることが困難なため，ネットワーク上の侵入を検知する仕組みが重要となる。

　(b) ウイルス　第三者のプログラムやデータベースに対して意図的になんらかの被害を及ぼすように作られたプログラムを"コンピュータウイルス"，または，単に"ウイルス"と呼ぶ。

　コンピュータウイルスにはさまざまな種類が存在し，それによる被害の件数も日ごとに増える一方である。コンピュータウイルスの種類や仕組みを正しく理解しておくことは，その対策を講じる上でも重要である。

　一般にコンピュータウイルスは，つぎの三つの機能のうち，一つ以上を有するものとされている。

(1) 自己伝染機能

(2) 潜伏機能

(3) 発病機能

また，ウイルスのタイプ (型) はつぎのように分類される。

・プログラム (実行形式) ファイル感染型

　ファイル感染型ウイルスは，(1) 自己伝染機能，(2) 潜伏機能，(3) 発病機能のすべての機能を持つ典型的なコンピュータウイルスである。実行形式のファイル (拡張子が COM，EXE，SYS など) に感染し，プログラムが実行されるたびにウイルスプログラムを実行する。ウイルス側であらかじめ決めておいた条件が満たされると発病する。

・ブートセクタ (システム領域) 感染型

　ブートセクタ (システム領域) 感染型ウイルスは，ディスク内のブートセクタやパーティションテーブルといったオペレーティングシステム (OS) のシステム領域に感染する。

　システム領域に感染，潜伏したウイルスはコンピュータ起動プロセスにおいて最初に実行されるので，コンピュータを使い始めると同時に発病する。

・マクロ感染型

　マクロ感染型ウイルスは，アプリケーションのマクロ言語で作成され，データファイルに寄生して感染し，機種や OS に依存せずに感染することから最も感染力の強いウイルスであるといわれている。

　マクロ感染型ウイルスは，電子メールの添付ファイルとして簡単に転送されるケースが多いことも特徴である。

・トロイの木馬型

　(1) 自己伝染機能，(2) 潜伏機能，(3) 発病機能のうち，感染機能を持たず発病のみを意図して作られた不正プログラムのことをトロイの木馬型ウイルスという。ウイルス自身が不正な行動を取り，感染源となるファイルを必要としないのが特徴である。

・ワーム型

トロイの木馬型の中で特にネットワークを通じてほかのコンピュータに拡散する不正プログラムをワーム型ウイルス，または単にワームと呼ぶ。

メールの添付ファイルとして自動的に自分自身のコピーを拡散させたり，電子メールとは異なる通信プロトコルを利用したりして，次々に感染していく。

(c) 盗聴　本来その情報を得る資格を持たないにもかかわらず，その情報を不正に得る行為を"盗聴"と呼ぶ。厳密には情報を見聞きした時点では"盗聴"とはならず，その情報が不正に使用されたり第三者に開示されたりしたときに"盗聴"と呼ばれる。

企業や組織が"盗聴"行為によって直接的な損害を与えられるケースももちろんあるが，盗まれた情報が「成り済まし」などの不正行為や犯罪に使われる可能性があることも忘れてはならない。

(d) 改ざん　情報・データを許可なく意図的に改変することを"改ざん"と呼ぶ。ネットワークを介して行われる取引の際に，注文数や請求金額が不当に改変されるようなケースである。

悪意のある第三者が自分の名や存在を売るために利用することがあるため，有名企業や国家機関のホームページには改ざん行為そのものを目的とした攻撃を受けたものも多くある。

(e) 成り済まし　第三者が他者を装ってシステムにアクセスすることを"成り済まし"と呼ぶ。

(f) DoS攻撃，DDoS攻撃　正常なシステムの運用を妨げる目的で行われる行為をDoS攻撃 (denial of service attack)，DDoS(distributed denial of service attack) と呼ぶ。

サービス妨害攻撃またはサービス不能攻撃などとも呼ばれ，大量のデータや不正パケットを送りつけるなどの不正な攻撃を指す。

標的となるコンピュータシステムに対し，ネットワーク的に大きな負荷を加えることで，サービスをダウンさせたり，実質的にサービスを利用不能にしたりするのが目的である。

単独の攻撃元が標的に対して攻撃を加えるものを DoS 攻撃と呼び，セキュリティ的に脆弱なサイトに DoS 攻撃用のツールを忍び込ませておき，これら第三者のサイトを使って，複数の攻撃元から標的となるコンピュータに対して DoS 攻撃を加えるものを DDoS 攻撃と呼ぶ．

なお，詳細な仕組みや対策に関しては 2 章で解説を加える．

(g) 持ち出し　許可のない者が，情報資産を外部へ持ち出す行為を"持ち出し"と呼ぶ．盗聴行為と似ているが，情報資産そのものが外部に持ち出される点で異なり，情報資産そのものが不当に利用されたり，二次的な (不正な) 被害に拡大したりするなど企業や組織により大きなインパクトを与える危険性が高い．

(h) ソーシャルエンジニアリング　ネットワークシステムへの不正侵入を達成するために，必要な ID やパスワードを，物理的手段によって獲得する行為を"ソーシャルエンジニアリング"と呼ぶ．

企業や組織の従業員などに成り済ましてパスワードを聞き出したり，盗み聞きしたりする行為が挙げられる．

他にも廃棄された紙ゴミから企業・組織に関する重要情報を読み取るなどの行為もあり，これもソーシャルエンジニアリングの一種である．

また，これらの行為が企業や組織の中で行われるだけではないことにも注意が必要である．例えば，自宅への電話により家族を通して誕生日や上司の名前を聞き出されることもあり，マネジメントの範囲は企業や組織に限定することができない．

(i) 事故・災害　他の攻撃のパターンとは趣が異なるが，情報セキュリティの観点では，地震や火災などの災害や，静電気や停電といった事故，環境の変化への対策も十分考慮する必要がある．

(j) 紛失　情報資産が，他の物にまぎれてなくなることをいう．

それでも単に紛失の場合には，情報資産の価値を失うに止まるが，悪意のある第三者の手に渡れば，その被害は盗聴，成り済まし，侵入と拡大する恐れがある．

(k) **不作為の作為**　さまざまなセキュリティリスクに関し，なんら策を講じないことにより，さらに被害を拡大させてしまうといったケースがある。いわゆる"見て見ぬ振り"であり，マネジメントの強化によりこのような行為を防がなくてはならない。

1.3　被害額の想定

被害額の想定は，セキュリティ対策の優先順位を決めたり，また対策に講じる費用を定めたりするために事前に実施しておく必要がある。

NPO日本ネットワークセキュリティ協会(以下，JNSA)では，この被害額をインシデント被害額と称し，算出方法として以下のようなモデルを提案している。

インシデント被害額
　＝逸失利益(直接的な被害)
　＋復旧に要するコスト(ハードウェア，ソフトウェア，工数)
　＋営業継続費用＋喪失情報資産＋機会損失
　＋補償，補填(ほてん)，損害賠償など(間接的な被害)
　＋人件費×業務の実行効率の低下(インシデントにより影響を受ける
　　人数×IT感応度(業務依存度)×停止時間)
　＋業務外の潜在化被害(ブランド価値の低下など)

この中で，復旧に要するコスト，損害賠償，業務の実行効率の低下および業務外の潜在化被害について補足を加える。

以下，被害額の想定に際してはつぎのような企業をモデルにしてみた。

PC台数：　　　　　　　2 000台
サーバ台数：　　　　　　5台
PC利用者：　　　　　　2 000人
システム管理者：　　　　1人
一人当りの1日の人件費：　5万円

(a) **復旧に要するコスト**　システムの復旧によるコストのうち，工数とは一般に「サーバ修復＋クライアント修復＋データ修復に関わる人的作業時間」のことで以下に被害額の算出例を示す．

・サーバ修復費

サーバがセキュリティ被害を受けた場合，その対処法としてクリアインストールまたはフルリストアを必要とするケースが多い．

セキュリティ攻撃の種類や度合いなどにもよるが，サーバがネットワーク全体に与える影響度が大きいことと，原因となる箇所を完全に特定できないことが多いため，クリアインストールまたはフルリストアによる抜本的な対策を必要とされるのである．

サーバ修復費は，「1台にかかる工数×台数×単価」で算出可能である．

被害額の想定：

サーバ1台当りのクリアインストールに1日かかるとした場合，被害額は以下のようになる．

　　　1日×5台×50 000円＝250 000円

・クライアント修復費

クライアントPCの対処で最も工数をとられるのが，被害端末の調査である．ウイルス感染などの場合，感染端末をいち早く見つけて対処を行わないと被害は広まるばかりであり，実際，クライアントPCが受けるセキュリティ被害の多くはウイルスによるものである．

被害端末の完全対処法は，サーバ同様やはりクリアインストールまたはフルリストアである．

クライアント修復費は，「(被害端末調査工数＋1台にかかる工数×台数)×単価」で算出可能であるが，おおむね100台当り2日の工数がかかるものとして，「台数÷100×2×単価」で概算してもよいだろう．

被害額の想定

　　　2 000÷100×2×50 000＝2 000 000円

1.3 被害額の想定

・データ修復費

セキュリティの被害であったかどうかに関わらず，システムの再インストールやレストアを行った際には，完全にシステムが元の状態に戻るように，データの修復を行う必要がある。

業務システム，データベースシステムをのせたサーバの場合は，サーバ間，データ間の整合を取る必要がある。そのため，単純にバックアップデータをリストアすればよいというケースばかりではないため，実行にあたっては，データ修復の計画 − 実行 − チェックと手順を踏んで行うことが望ましい。むろん，事前にこのようなデータ修復の計画，シミュレーションが行われていれば，この手順は簡略化可能である。

データ修復費は，「1台にかかる工数 × 台数 × 単価」で算出可能である。

被害額の想定：

サーバ1台当りのデータ復旧時間を1日とすると。

$$1 日 \times 5 台 \times 50\,000 円 = 250\,000 円$$

(b) 損害賠償額　ここでは，賠償請求額を算定する上での参考に，個人情報の入ったフロッピーディスク1枚分の価値を金額に換算してみる。

データ受け渡しのためのフロッピーディスクに，氏名，住所，性別，生年月日が入っていたとする。それぞれのバイト数を20，80，1，8として合計すると，1レコードは =109B である。

フロッピーディスク1枚には 1.44MB のデータを格納することができるので，最大で 13 852 件の個人情報が格納されることになる。

$$FD1 枚 = 13\,852 件の個人情報$$

ここで，平成14年7月11日，「宇治市住民基本台帳データ大量漏洩(ろうえい)事件」に関する最高裁判決を見てみる。判決の詳細は判例集などを参照されたいが，注目すべき点は"基本4情報(氏名，住所，性別，生年月日)を漏洩した場合，慰謝料は1人につき1万円とする"ということが最高裁判所の判断として示された点である。

宇治市の例では，原告が3人だけだったので，宇治市の支払い額は訴訟費用

を含めて4万5千円(慰謝料1万円+訴訟費用5千円の3人分)だけであったが，仮にフロッピーディスク1枚分の個人情報が漏洩し，その損害に対する支払い義務が発生したとすると以下の計算になる．

13 852件 ×1万5千円 = 2億778万円

つまり，フロッピーディスク1枚分の個人情報を漏洩した場合，実に2億円を超える賠償請求を受ける可能性があることになる(図**1.5**)．

図**1.5** フロッピーディスク1枚分の価値

(c) **業務の実行効率の低下**　セキュリティの被害を受けると，企業，組織はその業務の実行効率において，ある一定の割合で負の影響を受けると考えられる．

JNSAでは，以下のような算出式を用いてこの低下に関わる実際の費用を算出するモデルを提案している．

人件費 × インシデント発生により影響を受ける人数 × IT感応度
× 停止時間

人件費　インシデントにより影響を受けた従業員の人件費単価を設定する．

インシデントにより影響を受ける人数　サービスを受ける側，クライアントPCに感染するタイプのウイルスによる被害を想定する場合には，感染被害を受けたクライアントPCの台数を設定すればよい．

メールサーバ，業務サーバなどのサービスを提供する側，サーバへのセキュ

リティ被害を想定する場合には，そのサーバが提供するサービスを利用している人数を設定すればよい。

IT 感応度　業務のシステムやネットワークに依存する割合を IT 感応度という。システムやネットワークの業務に対する影響度を 0~1 の範囲で設定する。

あるシステムを利用したときに 100 件処理できる業務を，利用しなかったときに 80 件処理可能であれば，IT 感応度は 0.8 となる。

また，あるシステムやネットワークの停止時に別の代替手段が提供されていれば，IT 感応度は低く設定することが可能である。

JNSA では，一般企業における実務上の参考値として，「IT 感応度 0.2」を用いることで，幅広く適応できるとしているので，参考にするとよい。

被害額の想定：

IT 感応度を 0.2，システム停止時間を 1 日とした場合

　　5 万円 ×2 000 台 ×0.2×1 日 =2 000 万円

(d)　業務外の潜在化被害　セキュリティ被害によって，企業価値がどれほど低下したかを把握することは非常に難しい。JNSA では企業価値，ブランドイメージが株価の変動に一定の割合で影響があるものと仮定し，情報漏洩事故の発生と当該企業の株価の動きについてサンプリング，調査を行い，自社株価に与える算出の参考として，前日株価に対する差額割合と 1 株当りの差額の二つのモデルを挙げている。

・前日株価に対する差額割合

一つ目のモデルは，サンプリング企業の前日株価に対する差額割合の平均が 0~9%程度であったという数値を利用したモデルである。この場合の影響額は以下の式で算出することができる。

　　　影響額 = 自社株価 ×(0~9%)× 発行株数

・1 株当りの差額

二つ目のモデルは，サンプリング企業の 1 株当りの差額が 6~9 円程度であったという数値を利用したモデルである。この場合の影響額は，以下の式で算出

することができる。

影響額 =(6〜9 円)× 発行株数

　JNSA の 2002 年度版調査報告書では，サンプリング数も少なく株価変動の業種ごとのトレンドが加味されていない日経平均株価が用いられているなどの課題も挙げられているが，セキュリティ被害が企業価値に与える影響を測る尺度として，現時点では最も有効な手段であると考えられる。

2 情報資産を守る仕組み

　本章では，1章で解説した情報資産を，情報システムと狭義の情報資産に分類し，それぞれに有効なセキュリティ対策を解説する．つぎに，具体的な実装面の手法についてのアプローチを解説する．

・情報システムの定義
　　コンピュータ・ハードウェア，ネットワーク等
　　ソフトウェア(アプリケーション，OS，開発ツール等)
・狭義の情報資産の定義
　　情報・データ
　　ビジネスモデルが実現されているアプリケーションソフト

図 2.1　狭義の情報システム，狭義の情報資産

情報システムと情報資産は,「いれもの」と「中身」の関係である。例えるならば「宝船」になるが,ただ船を浮かべたり,宝を飾ったりしても意味はなく,二つを組み合わせることで初めて価値が生まれてくるものである。

つまり「いれもの」だけを用意しても肝心の「中身」となる情報やデータが入らなければ,システムにその価値を見出すことはできず,それは情報資産の形骸化につながる(図2.1)。

2.1 情報システムをどう守るか

2.1.1 境界線の最前線はファイアウォール

ユビキタスな時代の到来と称されるようなネットワーク環境から,ボーダレスな環境が増えてきているが,多くの企業ネットワークはまだ限られたポイントでのみ外部(インターネット)と接続されるクローズドな構成をとっている。このような,境界線がはっきりしているネットワークの外部との接続点(最前線)で,大切な働きをする対策がファイアウォールである。

では,ファイアウォールの働きを説明する上で,一般社会にある仕組みを例にして見よう。ちょうど海に囲まれている島国日本を企業のネットワークと見立てると,ファイアウォールは空港や港にある入出国審査によく似ている。入出国審査場でチェックされるのはパスポートとビザだが,通信データの場合はアドレスと,ポート番号に例えることができる。パスポート=アドレス=自分の身分であり,ビザ=ポート番号(アプリケーションの種別)=入国の目的(商用 or 観光)とイメージしてもらいたい。

(a) ファイアウォールの種類と仕組み
・ソフトウェアベース

第一世代のファイアウォールは基本的に汎用サーバ+汎用OS+ソフトウェアの構成であった(第一世代のファイアウォールの仕組みや特徴に関しては4章で紹介)。しかし,汎用OS部分のセキュリティ対策の煩雑さと,ネットワークの通信速度が向上するに連れて,ファイアウォールの処理速度が通信速度の

ボトルネックになったことから採用が減少している。一部では，高性能な汎用サーバ＋専用 OS との組み合わせに発展している。

・専用ハードウェア (アプライアンス)

このタイプは ASIC[†] などの専用ハードウェアでの高速処理や専用 OS を搭載することで，セキュリティホール問題や処理性能問題に対応している。第二世代の主流といえる。

・ルータ等ネットワーク機器＋ソフトウェア

ルータの多くはパケットフィルタリング型の簡易ファイアウォール機能を有する。ブロードバンドルータもしかり。その他，企業向けの高性能ルータにファイアウォール機能を強化したモデルが存在する。

・パーソナルファイアウォールおよびセキュア OS

少し意味合いが違うが，ネットワークタイプのファイアウォール以外に，PC やサーバ自体を実装し，自分自身を守るために利用されるものである。

・複合セキュリティゲートウェイ構成

上記以外に複合セキュリティゲートウェイ構成といって，IDS，アンチウイルス，コンテンツフィルタ，VPN などファイアウォール以外のセキュリティ製品と連携，集中管理，統合機能などを複合化する場合もあり，有効なアプローチとして活用の局面が増えている。

(b) 有効性と限界　　もう一度，空港，港にあるセキュリティを思い出してもらいたい。空港には，入出国審査以外に検疫と税関がある。ファイアウォールは，おもに入出国の可否のチェックを行うのが役目である。入出国カウンタでは，通常持ち物検査はしない。ということで，荷物 (パケット) の中に持ち込み禁止の物 (例えばウイルス・ワーム) が入っていてもここでは発見することはできない。つまり，ファイアウォールは重要で，必須のセキュリティ対策ではあるが，同時にオールマイティではないということを認識することが重要である (図**2.2**)。

[†] application specific integrated circuit：特定の用途に設計・製造された LSI

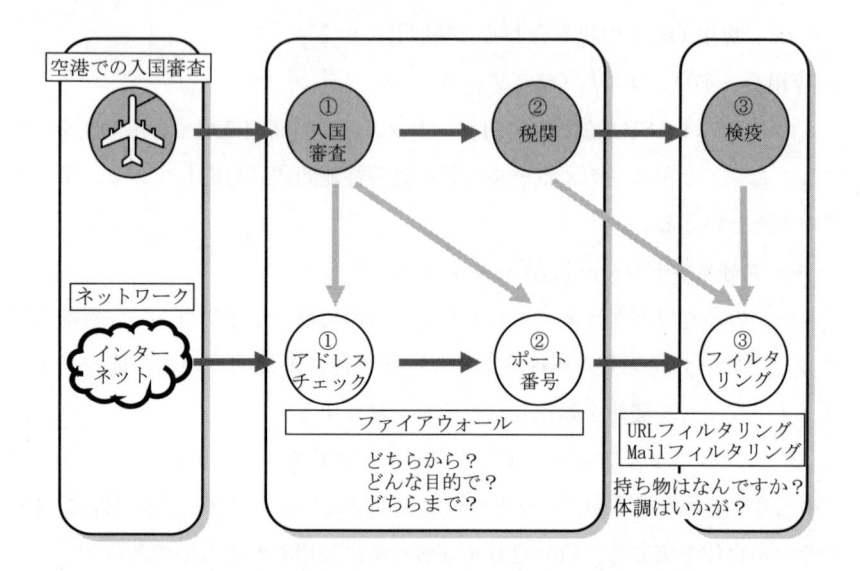

図 2.2 境界線でのセキュリティチェックイメージ

2.1.2 境界線でのウイルス対策

ウイルス対策の手法として，PCやサーバに対するアンチウイルス製品の導入は基本中の基本である。その普及率は100%に近づきつつある。これは非常に望ましいことであるが，パターンファイルの更新を実行することなどの確実な運用が課題として残る。もう一つ注目すべきことは，最近の感染経路が多様化していることである。FDやMO，CD-Rなどの媒体経由よりも，メールやインターネットによるものが大半を占めていることである。そこで境界線でのウイルス対策が有効になっている。

インターネットとイントラネット，二つのネットワークの境界にゲートウェイを配置することで境界線がより明瞭になる。境界線の内側をウイルスやワームの感染から守るためには，この境界線上で対策を講じる必要がある (図2.3)。

(a) 境界線でのウイルス対策　　ここで必要な機能は，メール，Webアク

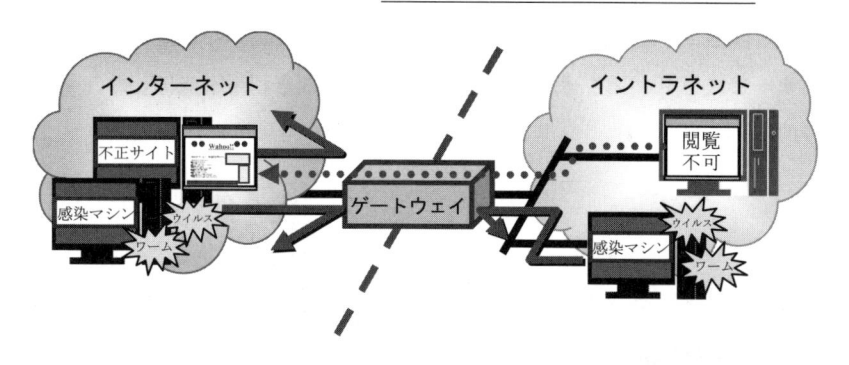

図 2.3 境界線でのウイルス対策

セス，FTP などのインターネットプロトコル全般の通信に対して，ウイルスやワームの通過を防御することである．さらに重要なのは侵入を阻止することと同時に，外部への拡散の防止も併せて行い，未対策の感染経路で持ち込まれてしまったウイルスのネットワークでの拡散を防ぐことである．

(b) **対策上の留意点** 対応するインターネットプロトコルを確認して漏れがないようにすること．そして，通過を許可しているプロトコルに合わせて製品を選択する必要がある．実際，メールと http だけのチェックでは不十分であることが多い．

通信量 (トラフィック) の増加を予測した上で，導入にあたり十分な処理性能を確認すると同時に，各種の負荷分散の手法を検討すべきである．プロトコルごとに処理を分散させる，プロバイダのサービスを併用するなどの導入設計は安定稼動のため十分に検討する必要がある．

2.1.3 サービス妨害対策

DoS(denial of service)，DDoS(distributed denial of service) について解説を行う．

正常なシステムの運用を妨げる目的で行われる行為を "DoS"，"DDoS" と呼ぶ．"サービス妨害攻撃" または "サービス不能攻撃" などとも呼ばれ，大量のデータや不正パケットを送りつけるなどの不正な攻撃を指す．

標的となるコンピュータに対し，ネットワーク的に大きな負荷を加えることで，サービスをダウンさせたり，実質的にサービスを利用不能にしたりするのが目的である(図2.4)。

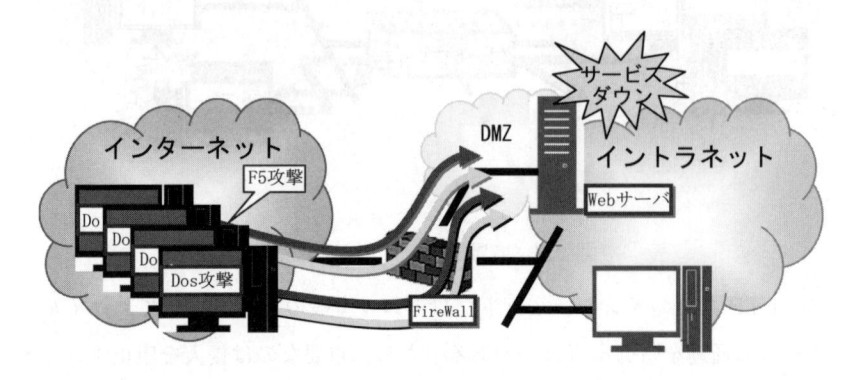

図2.4 サービス妨害

単独の攻撃元が標的に対して攻撃を加えるものをDoS攻撃と呼び，セキュリティ的に脆弱なサイトにDoS攻撃用のツールを忍び込ませておき，これら第三者のサイトを使って，複数の攻撃元から，標的となるコンピュータに対してDos攻撃を加えるものをDDoS攻撃と呼ぶ。

(a) サービス運用妨害(denial of service，DoS)攻撃の仕組み
・システムに過剰な負荷をかける攻撃

ホストまたはネットワークへのアクセスの集中により，ホストの停止やネットワークの輻輳(混雑)を引き起こす。ホストに負荷をかける攻撃としては，例えばメールサーバに対して処理能力を超える大量のメールを送りつけることにより，システムのクラッシュを引き起こす手法がある。

ネットワーク負荷を上げる攻撃としては，処理能力を超えるパケット(リクエスト)を大量に送りつけることによりネットワーク機器の正常動作を妨げる手法がある。厄介なことに，個々のパケットやメールが正当(正規なプロトコルを遵守している場合)と判断されるアクセスである場合，アクセス拒否などの手段が取りづらい。

2.1 情報システムをどう守るか

・ソフトウェアの脆弱性を狙って攻撃

　OSのセキュリティホールやアプリケーションのバグに対して攻撃を加える場合がある。直接システムを攻撃されるケースと他のシステムを攻撃することに利用されるケースがある。手段は，リモートからの侵入を試みる手法や，ウイルスやワームを利用した攻撃など多岐にわたる。また，OSのネットワークサービスプログラムの既知の弱点を悪用して感染・増殖するワームの感染は，システム自体の破壊が行われることがなくても，ネットワーク帯域が大幅に消費され，結果として，ネットワークがDoS攻撃を受けた状態になりシステムがサービス不能となる場合がある。

(b) 攻撃手法別対策　　自衛のための対策，攻撃の中継地点として悪用されないための対策，両方の意味合いを持つ対策をとりまぜ，サービス運用妨害への一般的な対策について述べる。

システムに過剰な負荷をかける攻撃

　ネットワークでの対策は，サービスに不必要な通信を通過させない，また中継しないことが基本となる。そして可能な限り不正なトラフィックを発生させている源に近い所で防御をかけることである。同時に，自らが加害者にならないようにすることや，不正なトラフィックの拡散に利用されないことも大切である。

・DoS対策機能を持つファイアウォールの活用

　いくつかのDoS攻撃手法には，ファイアウォールによって，防御または緩和させることができる。「PingofDeath」[†]や「Teardrop」[††]などプロトコルの特性をついた攻撃には有効性が高い。

[†] IP仕様で許されるデータの最大長である65 536バイトを超えるIPパケットをシステムに送り，クラッシュ，ハングアップ，リブートさせる。

[††] IPパケットの断片をつなぎ合わせる際の弱点を利用し，重複する一連のIP断片を送りつける。これらの断片が着信先で組み立て直されるとき，システムによってはクラッシュ，ハングアップ，リブートする可能性がある。

しかし「SYNFlood」[†]と「LAND」[††]Smurf 攻撃のような力ずくの攻撃に対しては，内部ネットワークそのものは守ることができるかもしれないが，インターネットとの接続ポイントでの高トラフィックの影響によりサービス自体に影響が出る可能性が残る．

・パケットのフィルタリング

始点アドレスが詐称されたパケットのように，偽造を発見して通過を防止することである．これに対してはプロトコル違反のパケット(本来内部ネットだけで利用されるプロトコルのパケット)を通過させないことである．特定の攻撃に対して，始点アドレスや宛先アドレス，パケットの内容(プロトコル種別やポート番号等)により，可用性を回復・維持すべきサービスに注目してフィルタリングの内容を定めてパケットのフィルタリングを実施することが有効な場合もある．WAN[†††]回線にて輻輳が発生している場合には，ローカル側でのフィルタリングでは対処できないため，WAN 回線の対向側(上流の ISP[††††]等)にも対処を依頼することも有効である．

・不要なサービスの停止

例えば，UDP[†††††]による ECHO や CHARGEN などのサービスは，いくつかの攻撃手法において悪用される恐れがある．これらに限らず，潜在的な攻撃，悪用を回避するため，システムにおいて使用していないサービスは基本的に停止すべきである．特に担当者がそれと意識していなくとも，導入時において初期値設定で起動されているサービスがある場合も多く，注意が必要である．

[†] 対象のシステムを一連の SYN パケットであふれさせる．未解決の SYN-ACK 応答の待ち行列(キュー)でいっぱいになると，システムは入力されるすべての SYN 要求を無視するようになり，正当なユーザがシステムを使うことが不可能となる．

[††] ハッカーは，対象システムの発信元 IP アドレスを詐称して，そのネットワークを SYN パケットであふれさる．それはまるでホストコンピュータがそれ自身にパケットを送っているように見え，対象システムがそれに応答しようとしている間，システムは使用不可能になる．

[†††] wide area network の略で，遠隔地にあるネットワーク(LAN：local area network の略)どうしを接続した広域ネットワークのこと．

[††††] internet service provider の略で，一般にはプロバイダと呼ばれ，インターネットへの接続サービスを提供する事業者のこと．

[†††††] user datagram protocol の略で，トランスポート層のプロトコルとして位置づけられ，下位層にある IP パケットを上位層に橋渡しする役割を持つ．

・アクセス制御の実施

潜在的な攻撃，悪用を回避するため，外界に対してサービスを提供することを意図していないサービス，特に，各種アプリケーション層ゲートウェイ(プロキシサーバ[†]や，SOCKS[††]等)について，サイト外部からのアクセスを禁止するように，アクセス制御の設定を行うことが必要である。

ソフトウェアの脆弱性を狙って攻撃

・ソフトウェアの更新

システムのクラッシュにつながるような問題や，システムへの侵入を許すような問題については，セキュリティ対策用のパッチの更新モジュールが提供された場合に速やかに評価の上，対処しなければならない。システム管理者の業務として OS および各サーバプログラムの更新状況を確認し，適宜必要な更新が必要となる。

・設定の適正化，不要なサービスの停止

前述のシステムに過剰な負荷をかける攻撃への対処と同様に，使用していないサービスやプロセスは停止すべきであり，特に担当者がそれと意識していなくとも，導入時において初期値設定で起動されているサービスがある場合があるので注意が必要である。

(c) **システム構成の見直し** 高い可用性を必要とするサービスを運用している場合には，適切な機会にシステム構成全体を見直し，サービス運用妨害を受けた際の影響を最小の範囲に留めるように設計し直すことが必要である。

可用性に対する要求によってサービスをクラス分けし，各サービスクラスに対して余裕を持ってリソース (CPU，メモリ領域，ディスク領域，ネットワーク帯域，等々) を割り当てる。また，あるサービスクラスに対するサービス運用妨害攻撃の影響が他のサービスクラスに及ばないようにシステムを設計する

[†] proxy とは代理の意味で，プロキシサーバとは，組織内のネットワークとインターネットとの接続時，セキュリティを確保するためやアクセスを高速化する目的で設置されるサーバのこと。

[††] アプリケーションプロトコルに依存せずに，トランスポートレイヤの上でアクセス制御を行うためのプロトコルのこと。

ことが望ましい．サービスクラスの分類に際しては，サービスの内容のほか，サービスの対象範囲等についても検討するとよい．

ただし，残念なことにサービス妨害対策に関しては完全な対策は存在しない．

2.1.4 内部を監視して侵入を検知するIDS

すでに述べたように，ファイアウォールだけでは防ぐことができない攻撃が存在する．例えば，サービス停止に追い込まれるDoSやDDoSといった攻撃はファイアウォールで防ぐことはできないし，コンピュータウイルスやワームに感染したノート型パソコンを社内に持ち込むことにより，ネットワーク内部から攻撃が行われたような場合にも無力である．こうした攻撃を「検知」して管理者へアラームを発して攻撃への対処を促すために生まれたのがIDSである（図2.5）．再度，入出国審査に例えると検疫や税関に近い機能である．そこでは問題ないと思われるパスポート (IPアドレス) を持ち，ビザ (許可されたアプリケーション) を持って入ってきたとしても，手荷物 (パケット) の中に有害なもの (OSの脆弱性を利用するコード) を潜めていたり，入国後に不正を働いたりすることと似ている．IDSは，ファイアウォールとは異なり，パケットの中身を調べ，それぞれの組織におけるセキュリティポリシーに従い不正と思

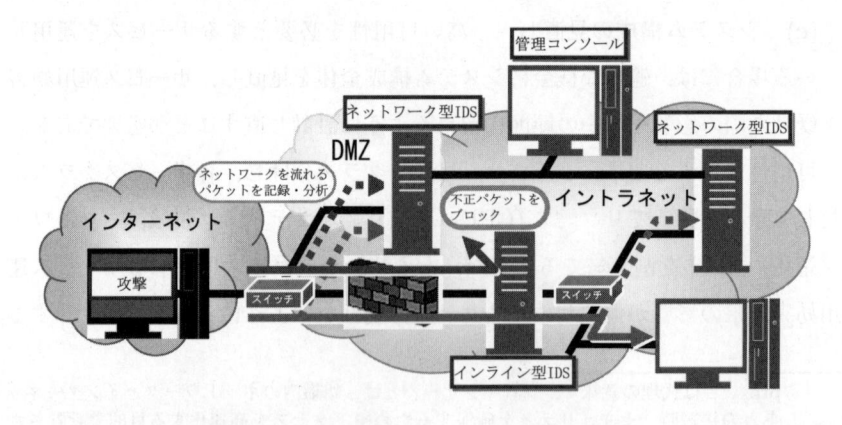

図 2.5　内部を監視し侵入を検知するIDS

われるパケットを「検知」するものである。また「検知してアラームを発する」だけでなく、「IDS自身で攻撃を防御」する製品も登場してきている。

(a) 不正アクセス検知の仕組み

・シグネチャによる不正検知

過去、攻撃に使われたパターン(不正アクセスパターン)を「シグネチャ」として記録しておき、通過するパケットがこのパターンに一致した場合、攻撃を受けていると判断し、アラートとして報告する仕組みである。

・プロトコル異常の検知

インターネットで使用されるプロトコル(手順)は、一般的にRFC[†]により定義されたプロトコルが用いられる。そこで、RFCでの定義に違反した動作を不正と見なし、当該パケットが発見された場合、アラートとして報告する仕組みである。

・異常検知(挙動監視)

通常のアクセス(ユーザの振る舞いやトラフィック)と異なった場合にアラートとして報告する。簡単な例としては、パスワードを何回も試すような動作や、深夜など業務時間外のファイル転送などが挙げられる。なにを異常と判断させるかの分析精度はデータマイニング[††]技術などの活用により高くなってきたが、反面、細かな設定やチューニングが必要である。

(b) 導入タイプ別の分類

・ホスト型

ホスト型IDSは、監視対象のサーバにIDS(ソフトウェア)をインストールすることにより可能となる。最大の長所は、OSやアプリケーションのログの取得と追跡、重要ファイルの監視による改ざんチェックが可能になること。また不正なパケット検知と遮断などを行うこともできる。比較的誤検知が少ない

[†] request for commnet[s] の略で、IETF(The Internet Engineering Task Force)が発行するインターネットにおけるプロトコルに関する標準化仕様を策定した一連の文書のこと。

[††] 蓄積した膨大なデータを分析することによって、データ間の関係性や意味を見つけ出す知識発見の手法の総称のこと。

が，反面，検知によりホスト自身に負荷がかかることや対応 OS に制限があるなど注意が必要である。一般に，すべてのサーバというよりは，特に重用な優先度の高いサーバに対して導入する場合が多い．

・ネットワーク型

ネットワーク型 IDS は監視対象とするネットワークにセンサとなる IDS(機器) を設置し，当該ネットワークを通過するパケットをすべて監視する機能を有する．センサがシグネチャとの一致を検知したり，または異常プロトコルを検知するとアラートを発する．ホストに負荷をかけない，ホストの種類 (OS) や数に依存しない，ネットワークを調査 (偵察) するタイプのアクセスの検知ができるといった点が長所であるが，高トラフィック時にデータ (パケット) を取りこぼす可能性がある，比較的誤検知が多いという短所もある．

・インライン型

インライン型 IDS はファイアウォールのようにネットワークの通り道に設置して，通過するパケットを監視する機能を有する．ネットワーク型による監視がパケットをキャプチャ(コピー) してからパケットをチェックするのに対し，インライン型は，ネットワークの要にあるという点を活かして，通過する「生のパケット」の中身をその場でチェックできる利点がある．したがって，ネットワーク型と違いデータ (パケット) を取りこぼすことがなく，また，異常を検知すると，あらかじめ設定されたポリシーに従い自動的にパケットを遮断したり，攻撃を行っている IP アドレスからのパケットを破棄するとともに，セッションの切断もできるなど防御機能を設計することも可能である点が長所の一つである．ホストに負荷をかけない，ホストの種類 (OS) や数に依存しない，ネットワークを調査 (偵察) するタイプのアクセスの検知ができる点はネットワーク型と同じである．短所は，IDS の処理性能不足により高トラフィック時のパフォーマンスに影響が出る場合があることと，IDS が停止するとネットワークが停止するリスクがある点である．

・IDP

防御機能を持つ IDS を特に IDP と呼ぶ．IDS はいってみれば「事後対応

機能で，アラートが発生した時点ではすでに内部に侵入されてしまっている。例えば"トロイの木馬"などが代表例だが，サーバまで到達し実行されるコードが出された時点ですでに攻撃は完了してしまう。アラートが発せられたときに実施する人的処置を軽減することが可能な機能である。

(c) IDSの課題 IDSは大量のアラートと誤検知で，システム管理者を悩ませることも多く，その扱いの難易度が高いといわれている。しかし，内部ネットワークのセキュリティ対策の中で特に重要なものである。有効に機能させるために，監視対象のネットワークの特性を把握し，テスト期間を設けて自組織のセキュリティポリシーに併せるなど細かなチューニングを行い，その機能を最大限発揮させることが必要である。

2.1.5 確かな認証がすべてのスタート

認証とは「その個体しか持ち得ない属性を元にその属性を確認し，それが個体であることを証明すること」である。対象となる個体がなんであれ認証の役割は変わらない。情報セキュリティに関連する認証にはその対象によりいくつかに分類されるが，本項では，ユーザ認証，クライアント認証，サーバ認証，およびメッセージ認証に関して概略とその関連を紹介する。

なお，ユーザ認証，メッセージ認証，および関連するディジタル署名に関する技術の詳細については，7章「公開鍵暗号方式」，および8章「認証とプライバシー保護」で紹介するので，併せて参照願いたい。

ユーザ認証は利用者を特定するためにユーザにIDやパスワード，認証済みデバイスなどを与え，クライアントの端末やサービス側で認証を行うことをいう。

サーバ認証は認証局より証明書と鍵を発行してもらい，クライアント側にサーバ認証書と鍵を送付して信頼関係を結ぶ。鍵を利用してクライアント・サーバ間でSSL[†]通信をする目的で利用するのが一般的である。

[†] secure socket layerの略で，WebブラウザとWebサーバ間で安全な通信を行うために開発されたセキュリティ機能で，インターネット上でプライバシーや金銭などに関する情報を，安全にやり取りするために考案されたプロトコルである。

クライアント認証は，サーバ認証に加え，クライアント側も認証局より発行された証明書と鍵を利用し，サーバとクライアント間で相互に認証し合う仕組みである。金融機関で利用されている決済用プロトコルであるSET[†]などが活用事例としてあるが，クライアント側での設定や運用が難しいことから普及は進んでいない。

メッセージ認証は通信されるメッセージそれ自体に改ざんがないかを判断する仕組みのことである。図**2.6**に各種認証の仕組みをまとめた。

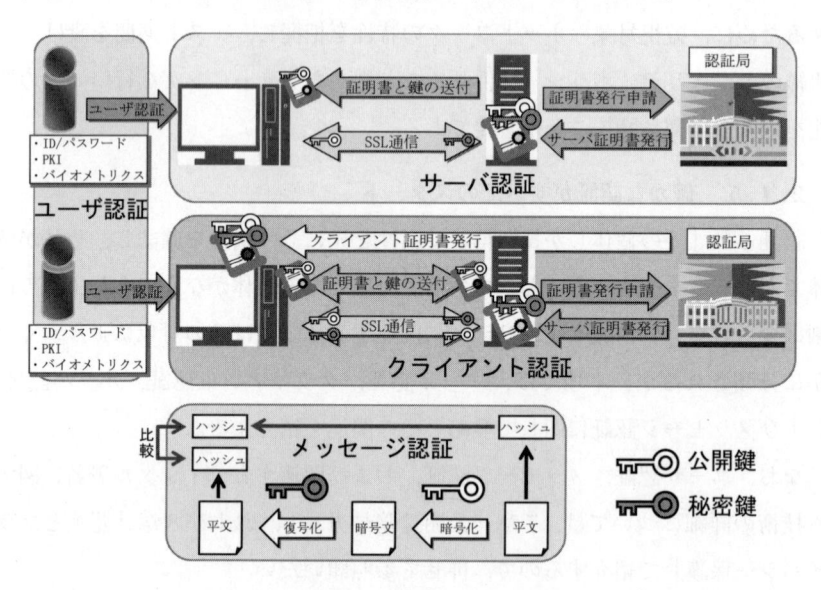

図 **2.6** 各種認証の仕組み

(a) **代表的なユーザ認証の3要素**　情報資産へのアクセス許可や，サービス利用提供の可否は，その利用者が誰であるかの特定，つまりユーザ認証を必要とする場合が多い。その認証方法としては，記憶，所持，バイオメトリクスが一般に利用される。

[†] secure electronic transaction の略で，インターネット上での電子決済(おもにクレジット決済)を安全に行うために開発された手順のこと。

・記憶

本人のみが記憶している情報によって認証する方法であり，パスワード，PIN(personal identification number) などを用い，これらをユーザ ID との組み合わせで記憶情報を利用する方式である．記憶に頼るため，類推可能なパスワードの使用により漏れる危険性，パスワードが盗まれる危険性がある．また忘れに対する対策も必要となる．

・所持

本人が所持していることで利用者を認証する方法であり，IC カード，ワンタイムパスワードのトークン，スマートカードがある．その物の偽造は比較的難しいが，紛失・盗難に対する対策や貸与等利用ルールの設定が重要となる．

・バイオメトリクス

本人の生体的特性に基づくデータの類似性により認証する方法であり，指紋，顔，虹彩(こうさい)，署名(サイン)，音声(声紋)などを利用する．アナログ特性をデータ化するため，認証システムの特性を熟知した攻撃者に偽造される危険があり，また一定の誤認識が発生する前提で活用しなくてはならない．プライバシー侵害に対する課題も大きい．

・ネットワーク認証環境による注意点

ローカル環境での資源利用にあたって利用者を認証するローカル認証と違い，ネットワークを介して利用者を認証する場合，盗聴やリプレーアタックの対策が必要である．認証情報に暗号技術の採用およびワンタイムパスワードが有効である．

(b) 認証を強化するために利用する認証要素

・ワンタイムパスワード

毎回変化する1回限りの使い捨てパスワードのこと

・暗号技術の採用

ISO/IEC9798-2[†]：対称鍵暗号を用いる認証等

[†] ISO/IEC9798 は，暗号を用いた認証技術の基本概念をまとめたもので，Part2 には，対象鍵暗号を用いた機構を，Part3 には，公開鍵暗号のディジタル署名を用いる機構，Part4 には，暗号検査関数を用いる機構についてまとめられている．

・ディジタル署名を用いる認証

公開鍵†による認証

(c) 導入の留意点　確かなユーザ認証が実現されることにより，アクセスコントロールを初めとして多くのセキュリティ管理の信頼性が上がることが，最大のメリットである。

3要素のいずれか一つでも認証を行うことはできるが，より安全性を高めるためには2要素以上の組み合わせで利用することが望ましい(図2.7)。

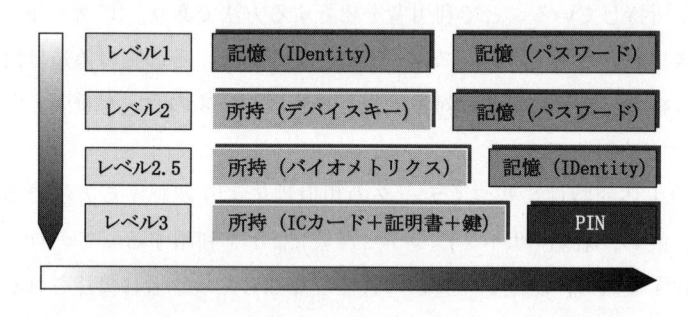

レベル	要素1	要素2
レベル1	記憶 (IDentity)	記憶（パスワード）
レベル2	所持（デバイスキー）	記憶（パスワード）
レベル2.5	所持（バイオメトリクス）	記憶 (IDentity)
レベル3	所持（ICカード+証明書+鍵）	PIN

図 **2.7**　確かな認証は二つの要素の組み合わせ

2.1.6　アクセスコントロールの勘所

よく見受けられる組織のセキュリティ上の問題点として以下の点が挙げられる。

・管理業務は Administrator, root 権限を使用して実施。
・不特定のスーパーユーザの ID, パスワードを知る人間が存在。
・特定のリソースに対するアクセス権限保持者を把握できてない。
・保護すべきリソースとアクセス権を付与すべきユーザが未定義。
　システムリソースに対し，必要以上の操作が可能。
・誰が，どのリソースに，どのようなアクセス権を持っているのかといった
　ユーザ権限付与を一元的に管理する仕組みの不在。

---

†　公開鍵暗号方式に関しては7章で詳細に解説を行う。

・社員以外のパートナーや外注担当者がシステムリソースを利用。

このような状態ではセキュリティ対策が正しく行われているとはいえない。

組織としての柔軟性を保ちながらも，責任ある情報セキュリティ対策として推奨する仕組みとしてデータへのアクセスコントロール（「4W1H(What：どのシステムリソースに，Who：誰が，When：いつ，Where：どのマシンから，How：どのプログラムによってアクセスしたかを把握すること)」）がある。これをアイデンティティ&アクセス・マネジメントと呼ぶ。

これらの仕組みを備えた上で，ログイン制御，パスワード制御，ネットワーク制御，ファイルアクセス制御，プロセス制御といったさまざまな制御機能を実装し，管理権限の分割や集中管理が求められる（図**2.8**）。

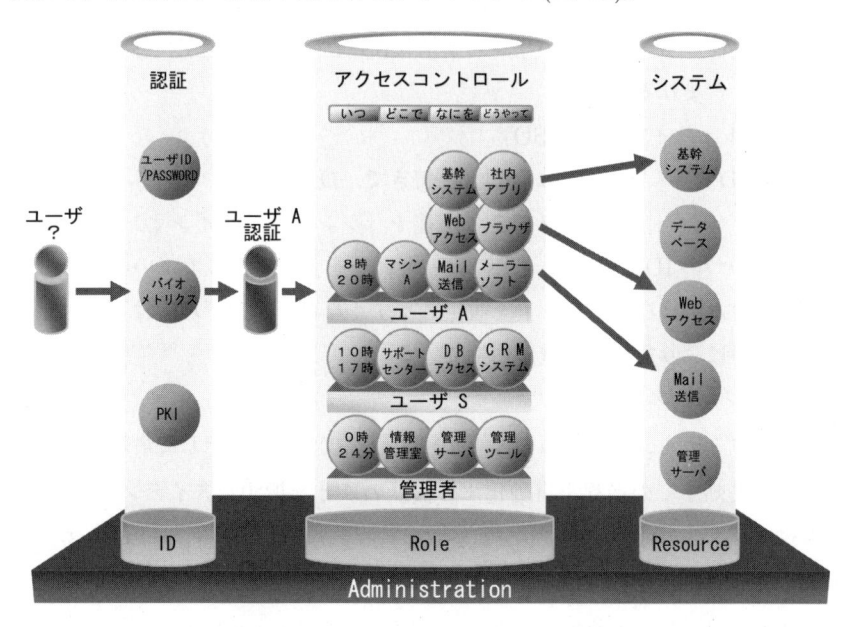

図**2.8** アイデンティティ&アクセス・マネジメント

(a) アイデンティティ・マネジメントの定義

・論理的に一元管理された個人情報を ID として取り扱う。
・人に関するディジタル情報の作成から，その後の変更，そして最終的な削除，

36   2. 情報資産を守る仕組み

もしくは失効までの過程を維持管理する。
・各過程で全体のポリシーに則った適切なアクセス権限を設定する。

(b) アイデンティティ・マネジメントに求められる要件

・ID 情報の論理的一元管理

1個所に個人情報に関するすべてのデータを統合し，すべてのサーバやアプリケーションで認証用データとして参照することが理想である。現実的には物理的に1箇所に統合することは困難で，メインフレーム，UNIX，Windows などのさまざまな OS，およびその上で稼働するアプリケーション，ディレクトリ等，認証サーバのユーザ情報の同期を取ったり，紐付けを行う仕組みが必要となる。また，その実現のためにディレクトリもしくはメタディレクトリなどで論理的に，同じ内容のユーザ情報が保持されているように一元管理できる機能が必要になる。ここでいうユーザ情報には，アクセス権限に伴うプロファイル情報も含まれる。

・シングル・サインオン (SSO)

一つの ID・パスワードによる認証手続きで，複数の OS やアプリケーションなどにログインし，アクセスできる機能を「シングル・サインオン」と呼ぶ。ユーザは一つの ID とパスワードの組み合わせを覚えるだけでよいので，ポリシーにそった厳格なパスワードを設定しやすくなる。また管理者は管理対象を減らすことにより負荷の低減が期待できる。

・プロビジョニング

人に関するディジタル情報の作成から，その後の変更，そして最終的な削除もしくは失効までの過程を自動化する機能のことを指す。アイデンティティ・マネジメントにおけるプロビジョニングは，ユーザ ID の発行，その ID のロールベースで必要なシステムへの配布，アクセス権限を設定するということになる。その過程において変更の妥当性を第三者が承認する仕組みを取り入れることによってワークフロー化できることもメリットである。

(c) アイデンティティ・マネジメントのセキュリティ上のメリット　　ID 情報の論理的一元管理とプロビジョニングを組み合わせれば，ユーザのシステムへのアクセス権限を適切にコントロールできる。例えば，退職した社員のア

カウントや，異動した社員のアカウントで長期間にわたり使用形跡がないものをシステム上から完全に削除することや，休職などで一時的に使用しないアカウントを失効させることで，内部の情報漏洩や，外部からの不正アクセスを防止することが可能となる。また，IDの登録，変更作業の履歴を保管しておくことで，問題発生時の原因分析に対応できる。これは，「いつ，誰が，どのユーザアカウントで，どのようなアクションをとったか」を追跡する手がかりにもなる。

2.1.7　内部ネットワークの管理は認証が重要課題

ネットワークにおける内部と外部の境界を明らかにすることは重要である。一般に組織のネットワークは，外部 (インターネット等) とは，特定のポイントで接続され，その場所にファイアウォール等セキュリティ対策が施されている。そして，内部のネットワークは外側からはアドレス変換などにより遮蔽され，ネットワークアドレスを知ることができなければ利用できないよう論理的に独立させている。これとは別に物理的な境界も存在する。有線のネットワークであれば，ケーブルの接続がこれにあたる。無線の場合は少し事情が違うが，やはり電波を遮蔽する対策をすることにより，物理的な境界を構成することが可能である。

ここで厄介なのは，どちらの境界線もなかなか俯瞰できない国境のようなものであることである。一般的にPCが外部から持ち込まれてネットワークに接続されることを発見して防ぐことは難しい。持ち込みPCによる侵害例としては，2003年夏に話題となった"Blaster"騒動が挙げられる。IPAが発表した調査結果によると，当該ワームの感染は盆休み明けの月曜日に最も多く，感染源の25％が持ち込みPCによるものと想定されている。エンドユーザのPCがゲートウェイを通過せず直接LANに影響を与えた実例である。その他，適切な対策が施されていないリモートアクセスや無線LANのアクセスポイント，拠点ごとに引き込まれたブロードバンド回線など境界線を危うくする要因が溢れている。このように境界線が強固とはいいがたいことを考えると内部ネットワークの管理が重要課題であることは明らかである。つまり内部ネットワーク

だからといって利便性を優先してアクセス権を設定することは避けなければならない。

(1) ポリシーベースの認証付きネットワーク環境

セキュリティポリシーを満たしているコンピュータだけが接続を許されるといった環境のことである。

(a) ここでチェックするべきセキュリティポリシー要件

・接続を許された正規クライアント/ユーザであること。
・OS やアプリケーションの脆弱性対策が対策されていること (パッチの適用チェック等)。
・アンチウイルスのエンジンやパターンの更新が行われていること。
・例えばパスワードの不適切な設定によって脆弱な状態になる等ポリシー違反がないこと。

(b) 認証のステップ

・ネットワーク認証,およびクライアント認証を行う。
・IP が固定接続の場合は,接続の許可された IP かをチェックする。
・DHCP の場合は,正規のクライアントであることを MAC アドレス等でチェックする。

　　YES ユーザ認証へ　　NO 接続不可

・ユーザ認証

　　YES セキュリティポリシーチェックへ　　NO 接続不可

・セキュリティポリシーのチェック

　　YES 業務ネットワークへの接続許可
　　NO 接続不可とするか,対策するためのシステムを準備しておいて,そのネットワークに強制接続させる方法がある。

(c) 上記対策を実現する代表的な手法

・認証 VLAN 方式

認証 VLAN での機器認証時にポリシーチェックを行う方式で,イントラネットに適用。

・認証 DHCP 方式

　DHCP での機器認証時にポリシーチェックを行う方式で，イントラネットに適用。

・ポリシー管理システムと，VPN 装置の組み合わせ

　VPN 接続時にポリシーチェックを行う方式。

・ポリシー管理システムと，ファイアウォールの組み合わせ

　ポリシーベースで接続可否チェックし，通信を許可する方式。

(2) ネットワーク集中監視・制御

ネットワーク機器から情報を収集することにより，ネットワークの状況を監視して，異常が発生した場合の検知を行うことをいう。問題の発生部分 (障害セグメント) の切り離しを制御することで問題を局所化することが重要である。

内部ネットワークのセキュリティ対策が不十分であった場合や，ウイルスやワームの感染等の問題が発生した場合，短時間でネットワーク全体に拡散してしまう可能性がある。同時にウイルスやワームの攻撃によりネットワークのトラフィックが増大し，最悪の結果としてネットワークがダウンすることもある。対外サービスや業務が停止し，その被害は想像以上のものになるといえる。

2.2 情報資産をどう守るか

2.1 節では不正なアクセスのフィルタリングと侵入検知について述べてきた。本節では情報漏洩対策，破壊・改ざん防止，バックアップについて解説を行う (**図2.9**)。

2.2.1 情報のネットワーク経由での漏洩を防ぐ

先に述べたように，ファイアウォールは外からの攻撃を防ぐだけではなく，内から外への通信をチェックして通過の許可・不許可をコントロールすることができる。さらに，通信を許可されたアプリケーションのやり取りをチェックするために有効な手段が各種フィルタリング製品の利用である。その基本機能

40   2. 情報資産を守る仕組み

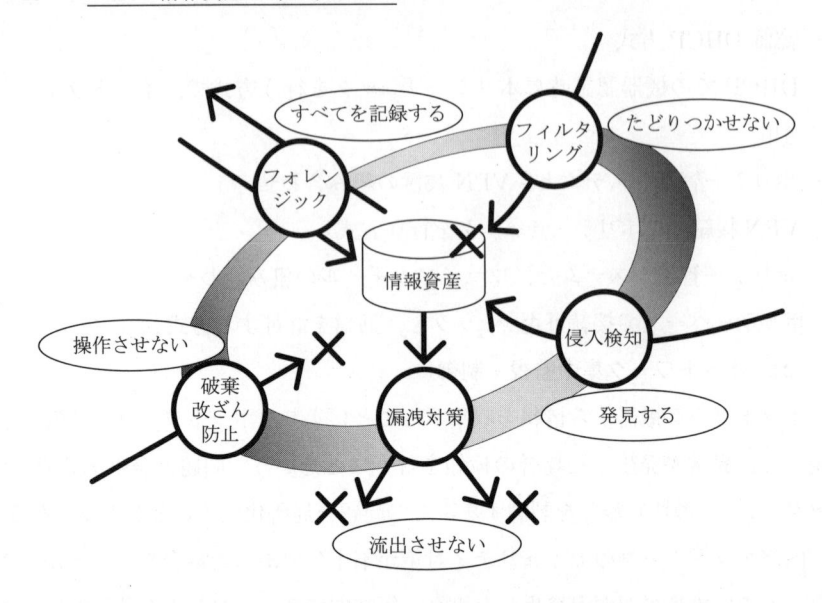

図 2.9 情報資産をどう守るか

は監査，ログ，フィルタリングである．以下，代表的なアプリケーションそれぞれの対応について述べる (図 2.10)．

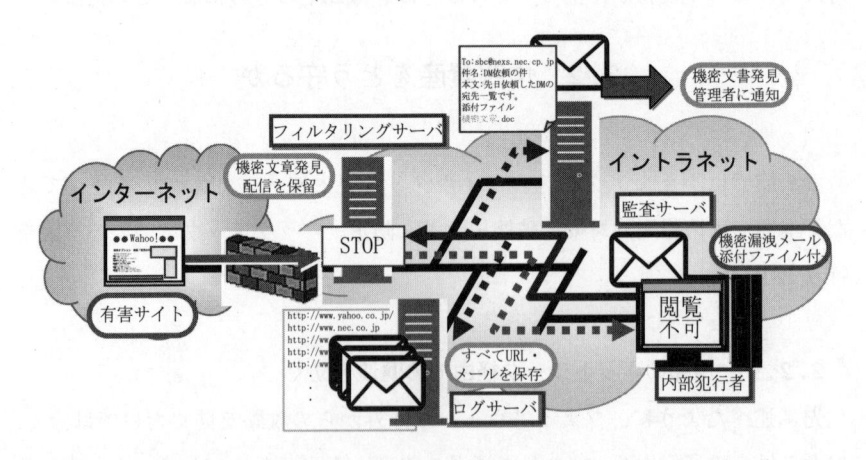

図 2.10 監査，フィルタリングによる情報漏洩を防ぐ

2.2 情報資産をどう守るか

(a) **メールの監査とフィルタリング**
・メール本文と添付ファイルをチェックする機能のこと

既存メールサーバを通過する前に，設定されたポリシーのルールによって送受信するメールをチェックする機能のことをいう．製品によっては，あらかじめキーワードを設定し，そのキーワードを含むメールのやり取り(送信メールと受信メールのヘッダ，本文，添付ファイル)を記録したり，キーワードを含むメールが流れた場合にはリアルタイムで管理者にメールで通報したり，特定の添付ファイルを含むメールを受信したときはそのメールを削除したり，EXCELファイルが添付されている場合は外部送出を保留したりなど個々の状態により細かく対応を設定することができる．

・送受信記録と内容閲覧機能

これは，万一の事故に備えて外部に送出されたメールの本体(添付ファイルを含む)をすべて保存したり，発信記録を検索して保存されたメールの内容を閲覧したりできる機能のことである．例えば保存メールについて「期間」「発信者アドレス」「受信者・同報者アドレス」「メール標題」といった条件で検索し，問題のやり取りを発見するなどの機能を有する．

(b) **Webの監査とフィルタリング** Webアクセスのフィルタリングには URL を使ってフィルタリングする方式とコンテンツの内容でフィルタリングする方式があり，それぞれ対応する製品が存在する．

・URLフィルタリング方式

この方式ではカテゴリ(テーマ)を絞ったフィルタリングが可能で誤認識が発生しにくいが，ブラックリスト(URLデータベース)の更新期間が長いと未知のWebサイトに対応できないケースが出てくる．

・コンテンツフィルタリング方式

Webアクセスでやり取りされる情報の内容をチェックして不適切な情報を遮断する機能のことであり，具体的にはキーワード検査にて内部から外部に送出される情報をチェックして，機密情報や不適切な情報がhttp経由で外部に送

出されるのを防ぐことができる。この方式は，未知のWebサイトにも対応できるが，URLフィルタリング方式よりも誤認識が発生しやすくなるという短所がある。

・ftpの監査とフィルタリング

Webコンテンツフィルタリング方式の製品の中には，ftpの監査を併せ持つものもある。

・コンピュータフォレンジック

特定のアプリケーションに限定せずすべての通信を記録しておき，必要に応じて検証，追跡ができるように設計されたシステムをフォレンジックシステムと称する。これは，「訴訟対応のための解析手段」とした意味合いで過去に発生した事象の証拠保全や不正アクセスの追跡のための解析手段として使われている。

2.2.2　メディア経由での漏洩を防ぐ

CD-R, CD-RW, MO, DVD-R, DVD-RAMなど光ディスクメディアや，USBメモリの大容量化は，情報漏洩対策を考える上では非常に脅威となる。どのメディアの装置も一般的に入手しやすく，専門家でなくても簡単に利用可能である。システム管理の網の目をくぐりPC機器に接続することが可能であり，発見されることも難しい。顧客情報の漏洩など重大事故につながる危険性をはらんでおり，重点的対策が必要となる(図2.11)。

(a)　主要な対策はデバイスのアクセスコントロールと暗号化

・リムーバブルメディアによるデータ漏洩防止

サーバやクライアントPC上に存在するデータをFD, MO, CD-RやUSBメモリ，ポータブルHDDにコピーしてデータを持ち出される危険がある。各デバイス機能を無効，物理的に接続できない状態にするなどの対策，デバイスに対するアクセス制御を行う製品の導入などを講じる必要がある。

・PCの紛失・盗難によるデータ漏洩防止

車上荒し，置き忘れ，窃盗によるPCの紛失により，記録されたデータが漏

2.2 情報資産をどう守るか

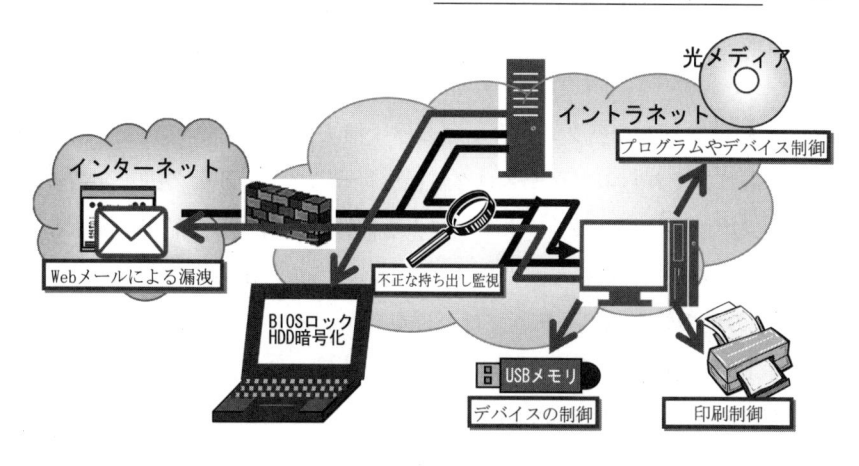

図 2.11 メディア，ネットワークによる情報漏洩を防ぐ

洩する危険性がある。盗まれない対策も必要であるのはもちろんではあるが，盗まれてしまった後の対策として，HDDの暗号化，BIOSレベルのパスワード設定，キーデバイスを利用した認証装置の利用などが挙げられる。

・ネットワークを経由したデータ漏洩，破壊防止

　企業等で利用している安易なセキュリティ状態のPCを出張先のホテルや家庭内からのインターネット接続により，最悪の場合データを抜き取られたり，データを破壊されたりする危険性が考えられる。ファイル共有時のセキュリティ設定，データの暗号化，パーソナルファイアウォールの導入などによる対策を講じる必要がある。

　また，ネットワークに接続するサーバが不正なアクセスにより同様の被害に遭う危険性もあるため，適切なアクセスかどうかを判断するアクセス制御を導入する必要がある。

・使用済みおよび廃棄PCやメディアからのデータ漏洩防止

　HDDやFD，MOなどの書き換え可能なメディアは単にフォーマットするだけではデータは完全に消去されない。一時的に読み取れなくなるだけで容易に復元されてしまう。PCやメディアを廃棄する際にはデータを完全消去する必要があるが，それは専用のソフトウェアや廃棄管理システムを導入すること

により可能である。

・アクセス管理

　ファイルサーバのデータの保存・コピー・消去，データの印刷など重要なデータであればそれらのアクセスログ監視を行うことで，犯罪の抑止，情報漏洩の際の原因解明に役立つ。アクセスログを記録，分析する製品が市販されており，その導入により情報漏洩のリスクを低減することが可能になる。

　(b)　その他の留意点　忘れてはいけないメディアに「紙」がある。PDFの扱いやFAXに関しても漏洩の対策が必要となる。これらに関してもアクセス制限が可能な製品が出されており，その導入によってある程度防止することができる。

2.2.3　改ざん，破壊を防ぐ

　不正アクセス対策，ウイルス対策，OSや利用ソフトウェアのセキュリティ対策，アイデンティティ・マネジメントに基づく，適切なアクセスコントロールなど，これまで述べてきたセキュリティ対策を総合的に実施することは，情報資産が存在するサーバを堅牢な要塞化に作り上げることになり，改ざんや破壊を防ぐことに有効になる（図2.12）。

　もう一つソフト的な対策の他に物理的な対策も忘れてはいけない。

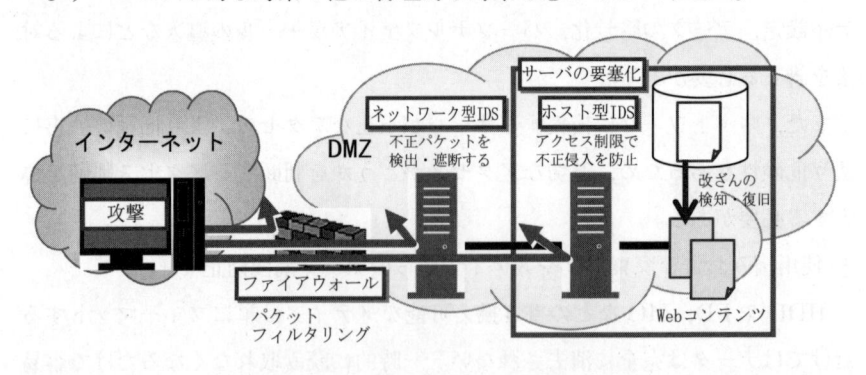

図 **2.12**　外部からの改ざんや破壊を防ぐ

2.2 情報資産をどう守るか

例えば，重要な情報システムや情報資産が存在するサーバルームなどが物理的に安全であることが重要である。いかにソフト的なセキュリティ対策が手厚く施されていても，サーバルームに侵入を許して物理的な破壊を受けてしまうと意味がない。警備と災害対策の検討が不可欠である。

(a) バックアップのポイント　予防措置以外に，改ざんや破壊に対して有効な対策は保全処置である。万一被害に会い，復旧のために失われた情報資産を回復する有効な対策としてバックアップがある。改ざんや破壊の他，未知のインシデントに見舞われたり，ハードウェアの故障により情報資産が失われたりする場合にも有効である。

バックアップする場所
・同時に被害を受けないように物理的に別な場所や装置に行うことが必要である。
・ネットワークやドメインが共有されていないことが必要である。

例えば，ワームが発生した場合に拡散する範囲のサーバにバックアップしては，意味がない。

バックアップメディアの選択
・リムーバブル系テープデバイス

DLT，DAT，AIT などがある。装置が高価であるが大容量で高速である点，世代管理が容易であるなどの特徴がある。保管中はアクセスされることがなく安全であるが，盗難の心配を含めて保管に注意が必要である。

・リムーバブル系光メディア

CD-R，CD-RW，MO，DVD-R，DVD-RAM などがある。

テープデバイスに比べて，バックアップ速度は遅く，容量も大きくないが，取り扱いが簡単で安価である。エンドユーザが簡単にデータを持ち出すことができる可能性があるため利用や保管に注意が必要である。

・ストレージやサーバのハードディスク

一般に大容量で高速なバックアップが可能である。物理的に取り外して保管することは少ないので，バックアップ用のアカウントを別にするなどの運用面

でのセキュリティ対策が必要である。

バックアップするタイミング

バックアップの頻度や方式は，以下の要素を複合して検討することが必要である。

・データの重要度
・データの更新頻度
・利用可能なバックアップ装置の性能
・保管期間と世代管理

(b) 緊急時対応の準備　リストア(データの復元)の手順の明確化とテスト(訓練)を行うことで初めて緊急時の復旧が可能となることを忘れてはならない。

2.3　ま　と　め

ここまで解説してきたように，セキュリティ対策は非常に多岐にわたる。そして多面的な対策が必要であることはいうまでもない。反面，闇雲に対処療法的な対策を施しても効果は期待できない。また隙なく網羅的な対策を施すためには膨大な費用が必要である。

ところがセキュリティ対策は費用対効果を明確にしづらく，どこまで実施すればよいかがわかりにくいといわれている。セキュリティを保険料になぞらえられることも多い。この程度の認識では，達成（成熟）レベルを設定してそこを目指して計画的にセキュリティシステムを構築する発想に程遠いと思われる。そのため，残念ながら効果的な対策投資ができている企業や団体は限られている。

しかし，個人情報の漏洩事件などの大きなインシデントが，企業経営，団体運営に与えるインパクトの大きさを考えるに，最低限のコストとして扱うのではなく，経営戦略的テーマであるとの認識が求められる。

3 セキュリティマネジメント

2章では，情報資産を守る有効な対策としてITツール活用，および技術導入について述べてきた。本章では，もう一つの有効な対策であるセキュリティマネジメントについて解説を行う。セキュリティマネジメントは，守るべき情報資産のうち，特に「企業イメージ」，「製品やサービス」，「人員」に対して有効である。また他の「物理的資産」「情報・データ」「ソフトウェア」といった情報資産に対してもITツールや導入技術をいかに効率的に，継続的に実施していくかという点でセキュリティマネジメントの果たす役割は大きい。

セキュリティマネジメントの基本は脅威を自らのことと捉え，かつ日々の対策を継続することに尽きる。2章で述べた対策と本章で述べるセキュリティマネジメントの対策が両輪となって初めてセキュリティ対策が有効なものとなることを認識しておく必要がある。

本章では，セキュリティマネジメントを実現するためのガイドである「情報セキュリティマネジメントシステム (ISMS[†])」(図3.1) を基に最適なマネジメント手法を解説する。

[†] ISMSは，企業や組織が情報を管理し守るための枠組みである。
1999年に英国規格協会 (BSI) が「B7799」として策定した。翌2000年には国際標準化機構 (ISO) により「BS7799のPart1」が「ISO/IEC 17799」として国際標準化された。日本においては，2002年に「ISO/IEC 17799」に沿ったガイドラインとして「JIS X 5080」が標準化された。
ISMS適合評価制度は，「BS7799のPart2」を基に，日本情報処理開発協会 (JIPDEC) がその適合性評価制度を運用している。

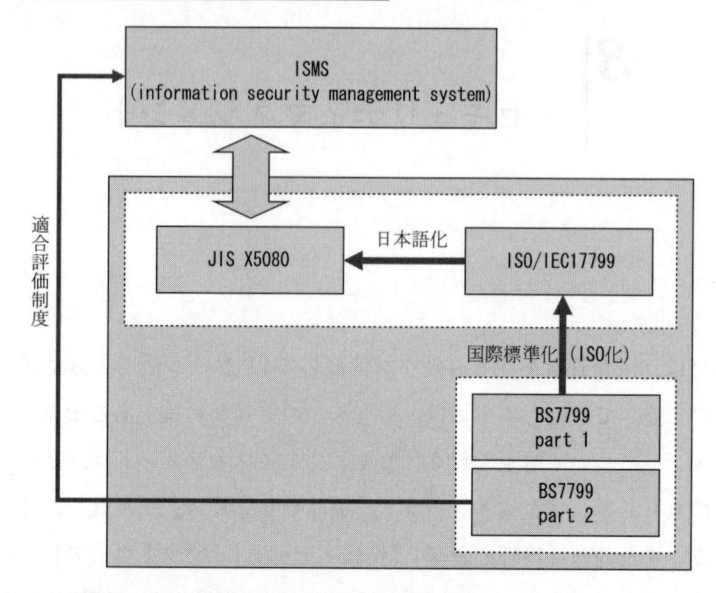

JIS:Japan Industrial Standard（日本工業規格）
BS :British Standard（英国標準）
ISO:International Organization for Standardization（国際標準化機構）
IED:International Electrotechnical Commition（国際電気標準会議）

図 *3.1* ISMS 概観

3.1 セキュリティマネジメントの手法

3.1.1 マネジメントの重要性とマネジメント手法

　セキュリティマネジメントとは，組織におけるセキュリティ脅威への対策と運用を継続的に管理することである．予防対策の観点(事前対策)と発生後の対策(事後対策)に大きく分かれる．
　予防対策はセキュリティ問題が発生することを予防するための管理であり，健康管理で例えれば風邪をひかないためにうがいや，手洗いを励行するようなものと考えればよい．片や発生後の対策とは，問題が起こってしまった後に，素早く障害の拡大を抑え，正常運用に戻すための作業管理ということになる．

同様に風邪をひいた後に他人にうつさないようマスクをし，症状を抑えるために医者に行き薬を飲むと考えればよい。初期症状のうちに対処すれば治りも早いが，これはセキュリティ対策にとっても同じである。いち早く対処することによって，損害を最小限に抑えることも可能である。

3.1.2 セキュリティ管理

　セキュリティ脅威から自身を守るための管理がセキュリティマネジメントということになるが，これは継続的に実行していかないと意味がないということを理解しなければならない。IT 面での管理は当然だが，その他に組織としてのセキュリティ管理体制，企業の文化の醸成 (モラル醸成と読み替えてもいい) など，ハード面，ソフト面の両面から管理する仕組みの構築が必要である。

　つまり，ファイアウォール製品を導入したからといって安心はできない。ファイルを暗号化したからといって安心はできない。なぜなら，セキュリティに関する問題は生き物のように絶えず変化し，また対策を施すのは主として人間であるからミスを犯す可能性もある。さらには過失，悪意を持った犯罪も想定する必要があり，情報資産を守るにはつねに意識を持った対策を講じなければならない。

　では，セキュリティマネジメントとは，具体的になにをすればよいのだろうか。

　ポイントは三つある。**図3.2**に示すように，「組織的マネジメント」，「法的マ

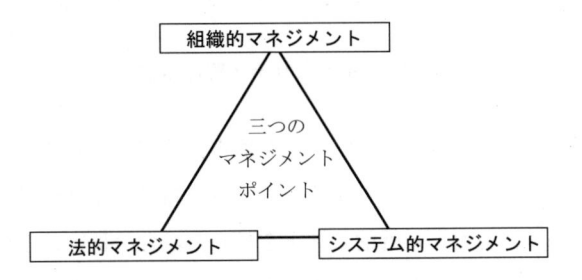

図**3.2** セキュリティマネジメントの三つのポイント

ネジメント」,「システム的マネジメント」である。

第一の「組織的マネジメント」は，組織(企業・団体)内部におけるセキュリティ対策組織の構築に始まる。この組織はセキュリティ対策ヒエラルキー構造に作り上げることが出発点であり，言い換えると情報の流れを整理することでもある。事前対策の全社浸透，非常時の指示命令情報をくまなく伝え，漏れや無駄をなくしたセキュリティ管理体制確立が重要となる(図**3.3**)。

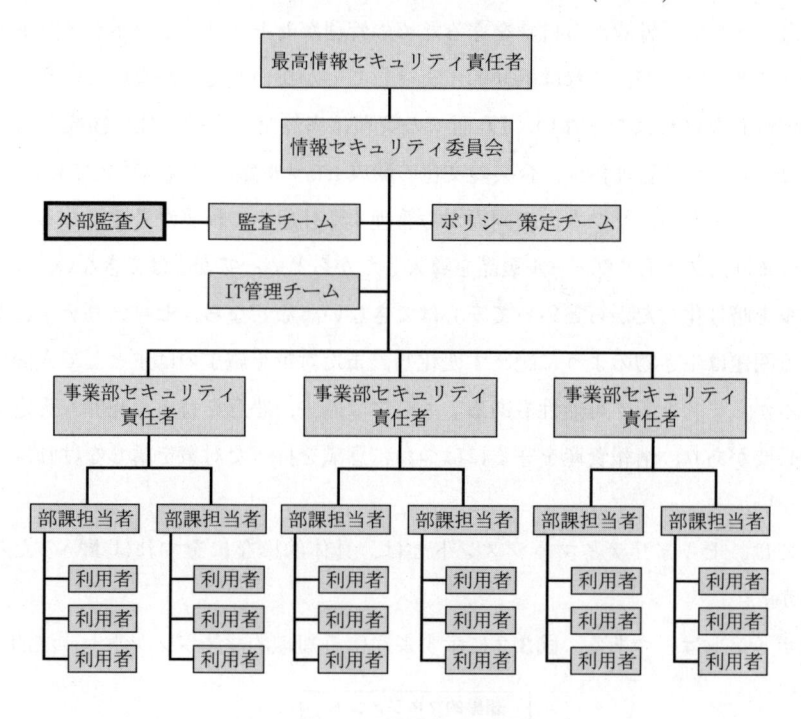

図 **3.3** セキュリティ管理体制

この組織構造で最も重要なのは，その組織の長，すなわち企業でいえば社長が最高責任者を担うということである。非常時に組織全体を統制して動かせる権限が必要であり，万が一対外的に被害を与えた場合の責任者を明確にするという意味もある。責任者にとって重要なことは，「技術的なことはわからないから」，「それは情報システム部門の仕事だ」と他人任せにせず，自ら状況，事態

を掌握することである。セキュリティ問題が発生すれば，最悪，企業ブランドの失墜という事態に直結する可能性もある。顧客情報漏洩などが大きな社会問題となる昨今，不測の事態に備え組織内の体制整備，教育や訓練などの事前準備が重要となる。

セキュリティ対策組織構築に欠かせないものが「情報セキュリティ委員会」の設置である。この委員会の役割はセキュリティポリシー策定・修正，最新セキュリティ情報を基にした対策案策定，モニタリング結果の活動具体策への反映，社員教育の実施計画立案等になる。そしてこれらを管理する責任者として「管理責任者」を，また，第三者的に監査する責任者として「監査責任者」の二名を任命するのが一般的である。「監査責任者」を独立したミッションとして置くことが望まれる。管理だけでは漏れや慣れ合い，気の緩みなどがでる恐れがあるためである。

「管理責任者」は情報システム部門長が担うのが一般的であり，また「監査責任者」は，社内監査役が行うこともあれば，社外の専門家に委託することも可能である。

第二のマネジメントは「法的マネジメント」である。情報漏洩，不正なアタックを受けた等，被害者になった場合はもちろん，故意や過失にかかわらず加害者になってしまった場合などにどの法律に基づいて対応をするか事前に備えておくことが，日々の管理を規定することと併せて必要である。セキュリティマネジメントに関わる法律は多数あるが，一般に関連が深いものは以下のものである。

- 不正アクセス防止法
- 著作権法
- 不正競争防止法
- 電気通信事業法
- 個人情報保護法
- 刑法
- 民法

法的マネジメントに必要な管理の例として，秘密情報の漏洩管理が最も身近な例である。

第三のマネジメントは「システム的マネジメント」である。組織的マネジ

メント，法的マネジメントを検討した上でどのようなITの仕組みでセキュリティ対策を実現し，それを運用していくのかをマネジメントすることである。単にITの仕組みを導入すればよいということではない。その日々の運用をマネジメントして初めてIT投資がセキュリティ対策につながる。

具体的にシステム的マネジメントとは以下のようなものと考えれば理解しやすい。

・ファイアウォールのセキュリティ設定を日々更新する。
・アクセスログを監視し不正なアクセスの予兆を感知する。
・クライアントPCのウイルスチェックソフトの運用状態を日々監視する。

など，さまざまな管理項目がある。

上記三つのマネジメントのポイントを述べてきたが，これらマネジメントを組織の中で実践するためには基本的なポリシーが必要になってくる。セキュリティポリシーと呼ばれるものである。このセキュリティポリシーとは，その組織に所属する全員が守るべき規範であり，バイブルである。逆にいうと，セキュリティポリシーなくして，セキュリティマネジメントはあり得ないといっても過言ではない。4章ではそのセキュリティポリシー策定にあたっての基本的な事項を述べる。

3.2 セキュリティポリシーの策定

3.2.1 セキュリティポリシー・方針の策定

セキュリティを管理する上での社内のバイブルとなるものがセキュリティポリシーであり，セキュリティに関わるさまざまなルールが規定される。対象組織の業態，構成，ITの導入レベルなどにより一様ということはなく，組織の特徴に合わせたポリシーを作成する必要がある。

セキュリティポリシー策定にあたって，重要なのは自身で作成するということである。最近ではセキュリティポリシー作りを支援する外部のサービスも多数存在するが，すべての策定作業を依頼してはならない。組織の特徴に合わせ

た木目細やかなポリシー策定がその後の運用の成否を左右するためである。ただし，ポリシー策定をゼロから行うには相当の期間と手間を要するため，効率的に策定を行うためには，外部からのアドバイスを受けることや，他組織のサンプルを参照することも有効である。近年では自社の情報を入力すれば簡単なポリシーを策定するツールも市販されており，それらの利用についても検討の余地はある。

3.2.2 セキュリティポリシーの構成

セキュリティポリシーは，「セキュリティ基本方針」，「セキュリティ管理規定」，「セキュリティ管理手順」の三つのレイヤで作成するとよい。

「セキュリティ基本方針」とは全体的な管理方針を規定する。例えばセキュリティ管理組織や責任，権限，全社的な考え方といった方針レベルの規定である。

(a) セキュリティ基本方針の代表的な例
・セキュリティ管理責任者は代表取締役社長とする。
・セキュリティ管理委員会を設置し定期的な対策会議を開催する。
・セキュリティ監査委員会は，内部監査と外部監査により定期的に監査を行う。

「セキュリティ管理規定」とは，方針を中レベルにブレークダウンしたものである。一般的な規定を定義する。

(b) セキュリティ管理規定の代表的な例
・パスワードは容易には推測できない文字列とし，決して他人に教えてはならない。
・パスワードは定期的に変更すること。
・ウイルス対策の定義ファイルはつねに最新にしておくこと。

「セキュリティ管理手順」とは，日々の活動の中での運用マニュアルレベルの規定である。

(c) セキュリティ管理手順の代表的な例
・パスワードは8けた以上で特殊記号を2文字以上入れる。

・ウイルスのパターンファイルは自動更新に設定し，毎日更新状況を確認する。

　必ずしもこの例で作成しなければならないということではない。規定と手順を一緒にすることも作成の手間を省くためには有意義である。ただし，セキュリティポリシーは，一度策定すればそれでよいというものではなく，さまざまな要素で改良し続ける必要がある。例えば自社のネットワーク環境が変わればポリシーも変わる。新たなセキュリティ脅威が出現すれば，それに合わせてポリシーの修正が必要になる場合もある。後に修正しやすいように，階層分け，章立ての整理など初期作成の段階で工夫しておくことが肝要である(図3.4)。

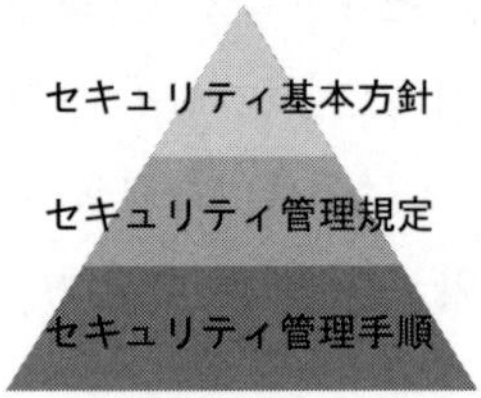

セキュリティ基本方針

セキュリティ管理規定

セキュリティ管理手順

図 3.4　セキュリティポリシーの構成

　では実際にセキュリティポリシーを策定する方法について解説する。日本ネットワークセキュリティ協会 (Japan Network Security Associates，JNSA[†]) がセキュリティポリシーを作成する際の注意事項，作成手法などをまとめており，それを基に解説を加える。ただし，この内容は「外部接続に関するセキュリティポリシーサンプル」であり，外部接続部分のみのポリシーとなっている。それ以外に必要な「情報管理に関するポリシー」，「イントラネット使用」，「ITシステムの導入」，「人的セキュリティ」，「入退館などの物理的なセキュリティ」に関しては範囲外となっているので注意が必要である。裏返すと，セキュリティポリシーは外部ネットワーク接続だけでなく，かなり広範囲にわたるということを注意しなければならない。

[†] 日本ネットワークセキュリティ協会は 2000 年 4 月に設立された。ネットワークセキュリティに関するさまざまな活動を行っており，2001 年 7 月には特定非営利団体 (NPO) として認可され，国内におけるネットワークセキュリティの必要性の周知と質の向上を目的として活動を続けている。

3.2.3　セキュリティポリシー策定の方法

　全文を紹介するには紙面の都合から難しいため，外部ネットワークの接続に関する章立てを紹介するに留める。他の領域については JNSA のホームページ (http://www.jnsa.org/) を参照願いたい。

　基本方針では全体にかかる方針を述べる。

・外部接続にかかるセキュリティ基本方針

　会社として情報資産を適切に管理することを表明するくだりである。「会社として」とは「経営者として」と読み替えていただければ，社会に対する意思表明であり，このくだりは社外に向けて (自社のホームページなどで) 企業アピールする際にも使われる。

・外部接続にかかるセキュリティ方針

　セキュリティ基本方針が社外に向けても発信されるのとは異なり，このセキュリティ方針は社内に向けて発信される。セキュリティ管理体制，組織，対象範囲，用語の定義などを規定する。

　つぎにセキュリティ管理規定類を紹介する。

・インターネット利用に関する基準

　インターネットを利用すると，電子メールやホームページ閲覧，その他さまざまな活用がなされる。ここで規定すべきは，ネットワーク的には使用を許可するプロトコル，メールソフトやブラウザ等のソフトウェアの種類などが代表的である。その他，個人的なメールの使用を禁止したり，アダルト有害サイトや買い物サイトなどへのアクセスを禁止するなどの規定を行う。

・外部公開に関する基準

　いまやホームページを立ち上げていない企業 (団体) はほとんどない。そのホームページの情報公開ポリシーを規定する。個人情報や社内情報の公開にあたっての手順や責任権限などはコンテンツ作成の際に必要な規定である。Webサーバは最も外部から攻撃を受けやすいサーバであるため，外部からの攻撃を防ぐための対策方法を規定したり，アタックがあったとき，または外部からなんらかの指摘を受けた際の対策も規定する必要がある。

3. セキュリティマネジメント

- 専用線接続に関する基準

外部と接続するためには，なんらかの回線を介して接続する。その回線接続に関する規定を取り決める。外部との接続回線は，セキュリティ問題の出入り口の一つであり，十分に注意する必要がある。部門が勝手に専用線を引き込み，イントラネットに接続，またはゲートウェイを介して相互に接続された例がかつては多かった。専用線の開設を会社全体で一元化する規定とか，外部接続線 (専用線，ADSL，公衆回線など) を引き込む場合の遵守事項などを規定する。

- リモートアクセスに関する基準

モバイルパソコンなどから社内ネットワークにアクセスするニーズの増大に伴い，規定する必要がある。アクセスポイントの決定や VPN などの接続規定，使用するパソコンの限定 (私用 PC はだめ等) などを規定する。

- ウイルス対策に関する基準

ウイルス対策ソフトウェアの種類やバージョンの規定やその定義ファイル (ワクチンともいう) の更新手続き，更新サイクル，確認の徹底などを規定する。パッチ，サービスパックなどの適用も同様である。また，ウイルス被害が発生した場合の報告ルール，対処の規定なども記述する。

- プライバシー保護に関する基準

ここでは，個人情報保護規定を明確に述べる必要がある。企業活動を行っていると社員の個人情報や顧客・取引先の情報が自然と蓄積される。その情報の取り扱い，外部へ流出させないための規定が必要である。近年，プライバシーマーク認定制度による独立した管理制度が立ち上がっている。プライバシーマーク認定を取得している場合は，その規定との整合をとる必要がある。規定の更新時の煩雑さを考えて，セキュリティポリシーではプライバシーマーク認定で作成した規定書を参照するような作り方でもよい。

- セキュリティ教育に関する規定

ポリシーは全社員が遵守することで初めて効果を生み出す。その教育ポリシーを記述する。新入社員への導入教育の実施や定期的な社員教育，ポリシー変更時の周知の仕方などを記述する。

- 罰則規定

　セキュリティ問題を起こしてしまった社員，協力会社に対する罰則規定を記述する。故意，過失等さまざまな要因があるとは考えられるが，基本的な罰則規定を記述すればよい。社員の場合には就業規則で罰則規定があり，それに照らし合わせて処罰する必要があるし，協力会社の場合には契約書の中で記述されているのが一般的である。

- 更新手順に関する基準

　セキュリティポリシーは環境の変化に合わせて変更する必要がある。変更の際の手順を明確にしておく。版管理，作成者，承認者，変更の全社通知，変更説明会などを記述する。

　このように，セキュリティポリシーは細かい項目で基準となるものを策定していく。前述したが，セキュリティ管理手順はこれをもっとブレークダウンした形で作成する。実際に社員が日々業務を行っていく中でのセキュリティ対策の手順を規定する。数値化した設定内容や手順書など具体的なドキュメントを準備するのも大事な要素といえる。

3.3　セキュリティ運用の継続

3.3.1　セキュリティ運用の継続的な実行

　セキュリティポリシーは策定して終わりではない。このポリシーを組織内に周知徹底し日々運用していく基礎を固める必要がある。セキュリティポリシーは関係者全員が実行しなければ意味がない。一人でも対策を怠ると，セキュリティの穴が生じ，そこから重大なセキュリティ問題が発生する。例えば，ある一人の社員がセキュリティポリシーに反し，私用パソコンを社内イントラネットに接続してしまった事件がある。このパソコンに巣食っていたウイルスがイントラネット内で感染拡大し，社外にもメールを介してウイルスをばら撒いた例がある。一つのミス，ルール違反が大きな問題に発展するというセキュリティ問題の恐さを認識しておく必要がある。

セキュリティポリシーは全員に通達しルールに従ってもらう必要がある。一般的には印刷した小冊子を全員に配るとか，説明会を実施するとか，企業であれば社内ポータルサイトに掲示するとかさまざまな方法がある。いずれにしても，一方的な通達だけでは不十分で，WBT(Web を用いた学習ツールで理解度テストを実施し，正解率をもって修了するなど内容の周知が期待でき，また受講状況が把握できる) などを活用した学習も併せて行う必要がある。性悪説に立った考え方かもしれないが，実際に効果が出ているのも事実である。

セキュリティ運用の継続

セキュリティ運用を行う上で，最も重要なのは前述したとおり，利用者全員がセキュリティ意識を持ち，日々継続して管理することである。しかし，セキュリティ管理者が行えばよいと思っている利用者もかなりの数いることも事実である。そこで，全員がセキュリティに対してつねに意識するために組織マネジメントの項で述べたセキュリティ管理責任者自らが先頭に立って組織内啓発を行う必要がある。具体的には教育の徹底・繰り返し，管理責任者自身の生の声で社内へ通知，ときには外部に対しセキュリティ方針を発表するのも有効である。

実際のケースとして利用者全員にセキュリティ対策カード(組織のセキュリティ方針等を記したカード) を携帯させ，つねに確認できる状況にあるか，抜き打ちチェックを行っている企業もある。セキュリティ管理者には，定期的なセキュリティ問題対策訓練などを実行するのも有意義である。訓練(シミュレーション) により，対策手順，問題発生時の対応手順などをおさらいでき，いざというときにスムーズに対応できるようになる。手順を作るだけでは，次第に風化する。訓練を重ねることで，新たな不具合を発見し，その対策を講じるなど，セキュリティ対策をさらに強化できる。これらの繰り返しによって，利用者にセキュリティ意識が生まれ，日常のさまざまな行動にも注意を払えるようになる。例えば，知らない人からの電子メールに用心するようになり，実行形式の添付ファイルをクリックすることにも躊躇するようになる。さらに慣れてくれば自然にパソコンのデータもパスワードをかけたり，デモ用パソコンには

データを残さないよう消去処理を行うといったような基本行動の中で実践できるようになる。このように日常活動への自然な組み込みを行い，つねにセキュリティを意識する文化を創ることがセキュリティ管理責任者の役割である。

　セキュリティ運用の継続に欠かせないものとして，全利用者への徹底のほかにはセキュリティ関連情報の収集がある。セキュリティ脅威は日々進化し，毎日どこかで新たな脅威が生まれている。それら情報を収集しセキュリティ対策に反映させることが重要である。セキュリティ問題の発生を避けるために，将来脅威となるセキュリティ問題は事前に対策を施すことが求められる。他社で起こった問題を見てから対策を打っていては間に合わない場合も多い。いかに情報を集め，その対策を施すか，スピードが求められている。パソコンソフトウェアのベンダがセキュリティホールを発表してから1週間後にはそのセキュリティホールを突いたウイルスやアタックが世に出てくる。悪意あるアタッカよりも早く対処をしておくこと，そのためには，ベンダが用意したセキュリティ対策パッチ(修正プログラム)をインプリメントできるような管理体制が求められる。

　セキュリティ運用の継続性を保つための対応策の最後は，自組織に起きている問題の芽を摘み取ることである。知らず知らずの間に，企業のサイトはアタックを受けている。すでにファイアウォール等で一定の防備を施している場合にでもその痕跡をしっかりと把握しておくことが必要である。実例として，ある大学のWebサイトは，毎日数百件のアタックの痕跡が残っているそうである。幸い，ファイアウォールにより実害は被っていないが，そうしたアタックの事実をつねに分析し，つねに侵入の危機にさらされていることを認識しておくことが必要である。「うちは被害の経験がないから大丈夫」とたかをくくるのが最も危険であり，重大な被害に発展する可能性が高い。つねにファイアウォールのログを監視し，どれだけの脅威にさらされているか，実感をもつことが対策への姿勢を確固たるものにするためには重要である。

3.3.2 監査制度の活用

セキュリティの運用状況，セキュリティポリシーの遵守状況などを監査するフェーズについて解説する。セキュリティについてライフサイクルを捉えた対策が重要となる。セキュリティに関する規定やポリシーが正しく運用されているかモニタリングを行い，変更すべき点があれば更新していく。PDCA(Plan-Do-Check-Action) サイクルである (図**3.5**)。

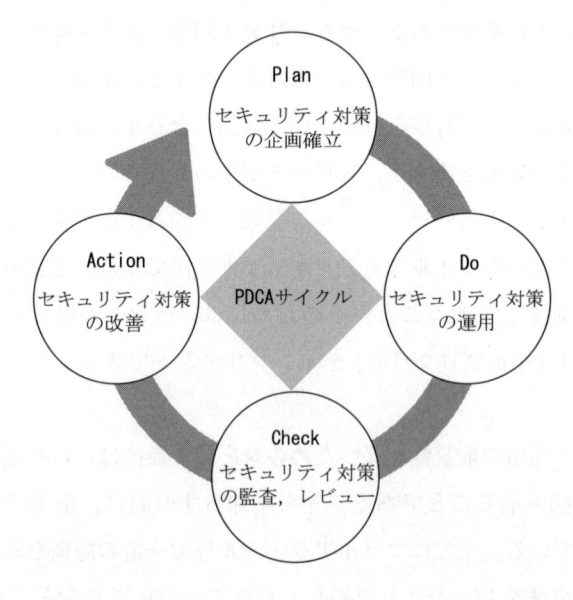

図 3.5 セキュリティマネジメントの PDCA サイクル

セキュリティ監査とは，組織内のセキュリティ管理システムを設定した目標，運用手順が適正に機能しているか否かを評価することである。評価の結果，改善点があれば見直しをし，セキュリティポリシーに反映させていくことが求められる。PDCA サイクルの Check フェーズである。

セキュリティ監査には，内部監査と外部監査があることは前述した。内部監査とは企業内部の監査担当者が自組織のセキュリティ運用を評価・監査することであるが，一般に正確性，公平性，透明性の点でこれには限界がある。そこ

で外部監査を活用することになる。

　外部監査を実現する制度として，2003年4月に経済産業省が「情報セキュリティ監査制度」を告示した．これは，セキュリティの専門的知識を有した専門家が，客観的に組織(企業・団体)のセキュリティ管理を監査・評価することを制度化したものである．客観的に評価するということから，当該システムを構築したセキュリティベンダが実施することは否定されており，独立した監査人によって行われることが求められている．

　外部監査制度を活用するメリットには以下のようなものがある．
・自身では気づかない欠点を見つけ出してくれる．

　自身で作成，運用している当事者の場合，細部まで目が行き届かないことが多い．日々，その流れの中にいると当たり前のことのように微細な欠点を流してしまう．結果，その欠陥から大きなセキュリティ被害が発生する．第三者に監査をしてもらい，異なった視点から助言を受けることのメリットは大きい．
・自身だけでは作れなかったセキュリティ管理システムの構築が可能．

　「セキュリティポリシーは自身にて作成すべき」と前述した．しかしながらセキュリティ技術，知識に乏しい一般的な中小の企業にとって日々変化するセキュリティ脅威への追随は非常に困難を極める．そこで，専門家による監査を定期的に受け改善を重ねることにより，次第に完成度が高くなる．ただし，セキュリティ対策に終わりはなく，つねに改版が求められるということを認識しておく必要がある．
・社会からの信頼の獲得

　独立した監査人から評価・監査を受け，適正なセキュリティ管理が行われているということを外部に情報公開することで，組織の社会的責任，取引上の安心度，会社自体の信頼につながる．個人情報漏洩対策などが重要視される昨今，一定の基準を超える個人情報を扱う組織にとってプライバシーマークを取得するのは当然の義務であるが，それら情報の管理(セキュリティ管理)が適正に行われているかどうかを外部に知らしめることで，企業であればそのブランドの高揚につながるメリットもある．

では，監査人とはどのような人が行うのであろうか。「情報セキュリティ監査制度」では，高い専門能力が求められている。特に監査責任者は，システム監査技術者，情報セキュリティアドミニストレータ，ISMS主任審査員またはISMS審査員，公認システム監査員，公認情報システム監査人のいずれかの資格を有することが必要である。また，セキュリティ技術の専門家であると同時に，助言を行うコンサルティングの能力，法的な知識に加え経営的な知識も要求される。

経済産業省では，セキュリティ監査を行うベンダ(主体と呼ぶ)を「セキュリティ監査企業台帳」として登録している。「情報セキュリティ監査企業台帳」とは，「情報セキュリティ監査」を行う主体を登録するものであり，登録されている企業/組織には監査法人，情報セキュリティベンダ，システムベンダ，情報セキュリティ専門企業，システム監査企業など，さまざまな企業が含まれている。こうした多様な主体によって，それぞれの特性，ユーザのニーズに応じた多様なサービスが提供されることが期待されている。登録されている監査企業の一覧は経済産業省のホームページを参照していただきたい。その一覧は九つの地域分類がされており，各監査ベンダの特性も登録されている。外部の監査人を選ぶ際の参考として活用できる。

4 活用できるこれからのセキュリティ技術

　本章では，進化するサイバーアタック対策として，新たに開発されつつある技術について紹介する。

　サイバーアタックの対策手段を検討する場合，最も標準的に用いられる製品として，ウイルス(ワーム)対策システム，ネットワークサービスをフィルタ制御する諸々のファイアウォール製品がある。

　こうした製品の歴史はIT業界においては比較的古く，1980年代後半には現行製品のひな形的なものが市場に投入され始めていた。

　周知のとおり，インターネット接続の普及によるマーケットの拡大，その基盤の上で動作するネットワークサービスの高度化(リッチWebアプリケーション[†]，P2P[††]，メッセンジャサービス，IP電話，オンラインゲーム等)により，ネットワークセキュリティを担う製品群，またそれらに用いられる技術はより

[†] Webの黎明期と現在を比較すると，新技術の開発やネットワークの高帯域化によって，Webがより多彩な表現を行うことができるようになっている。フルカラー画像やアニメーション，埋め込みコンポーネントなどの影響で，ページ単位当りのデータ転送量は大幅に増加した。
このような，文字情報だけでなく画像やコンポーネントを駆使して構成されたアプリケーションのことをリッチWebアプリケーションと呼ぶ。

[††] 管理サーバを必要とせずに，ネットワークに接続されたコンピュータ(ノード)どうしが対称型通信を行う仕組みのこと。管理サーバを経由しないため，通信履歴や暗号化された通信内容を傍受することが困難となる。
この技術を用いたいくつかのアプリケーションは際限なく帯域を消費するシステムデザインがされており，ネットワーク帯域に深刻な影響を与える問題が顕在化した。
こうしたアプリケーションは海賊版ソフトのやり取りに用いられることが多く，転送されるファイルが著作権上の違法性を抱えているという二次的問題もあり，組織上のリスクという観点からもこうしたアプリケーションの利用阻止が課題となっている。

高度な実装を指向する傾向にある。

4.1 ポストファイアウォール，技術の変遷と今後

4.1.1 第一世代

ファイアウォールに用いられている技術の変遷をたどると以下のようになる。

ネットワーク上のゲートウェイに相当する部分に設置し，パケットフィルタ技術によりTCPポートの論理開閉を行い，ポリシーに沿わないセッションをブロックするようにデザインされているものが第一世代ファイアウォールである。

ここでいう第一世代のファイアウォールに装備されているパケットフィルタ方式はネットワークの防御機構としてはベーシックなものである。ネットワーク層におけるTCPポート開閉という，アプリケーションとは無関係の階層で動作するため，比較的性能の低いルータ，CPUでも動作可能であり，1998～2003年に製造された大半のルータ製品(コンシューマ製品を含む)には，ファームウェアレベルでこの機能が組み込まれている(図4.1)。

第一世代だからといって，この方式が時代遅れということにはならない。IPネットワークを構成し，セキュリティポリシーに沿った運用を図ろうとするとき，これに携わるネットワーク管理者にとってTCPポート制御の適切な設定は必須条件となる。

パケットフィルタ方式の欠点は，ネットワーク層以上での制御選択ができないことである。

開閉するポートをあらかじめ決めなければならないため，内部→外部，外部→内部の相違とは無関係に，使用できるアプリケーションが決定される。

アプリケーションによっては特定ポートでの通信を使用しなければならないため，例えばIP電話やメッセンジャサービスにおけるファイル転送などは，このパケットフィルタ設定によってはまったく動作できなくなる場合がある。

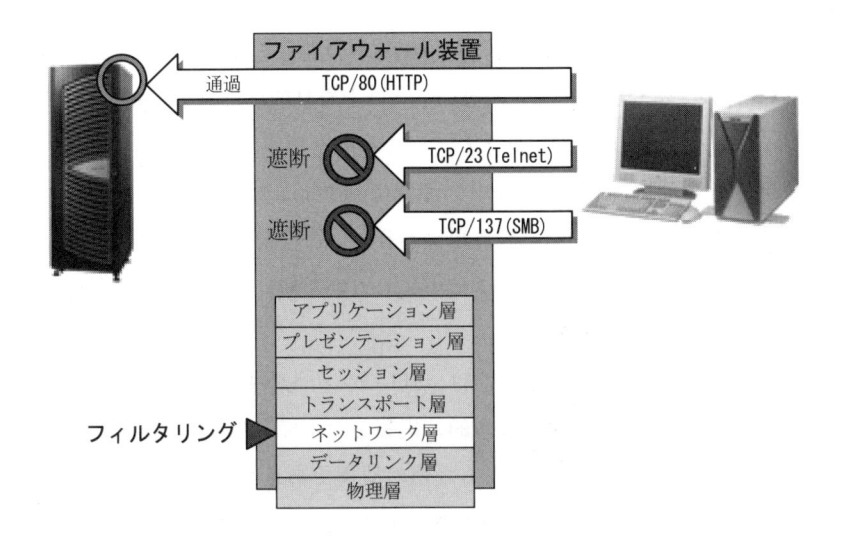

図 4.1 HTTP/TCP80 がファイアウォールを通過するイメージ

　とはいえ，組織が設定したネットワークポリシーを優先するのであれば，規定外のアプリケーションは切り捨てる判断もやむを得ないことである．
　しかし，初期に設定したポリシーが将来にわたって維持できる確実な保証はない．
　ブロードバンドネットワークの広帯域化に伴って，その上で動作するアプリケーションも著しく進化しており，組織内で必要なアプリケーションとして選択しなければならないケースもあり得る．
　この局面では，アプリケーション導入を推進するグループから，ネットワーク管理者に対してファイアウォールの通信ポートを開くという要求がなされることになる．では開放要求のあった TCP ポート番号の範囲内に，脆弱性を有するサービスがマップされていたとしたらどうだろうか．
　新たなアプリケーションを使えるように措置した結果，セキュリティホールを作り出す可能性がある．ここに，パケットフィルタ方式の限界があるといえよう．

4.1.2 第二世代

第二世代は，この仕組みに加え，パケットの内容を解析して，コンテキスト識別[†]を行い，ポリシーにそぐわないパケットを動的に排除する機能 (ステートフルインスペクション) が実装されているものを指す。

ステートフルインスペクションの源流は，チェック・ポイント・ソフトウェア・テクノロジーズが開発し特許出願されている技術であるが，コアとなるロジックアレイを異なるアプローチで実装している他社製品もあり，多様なバリエーションがある (図 **4.2**)。

ステートフルインスペクションは，(1) パケットの生データをキャプチャし，(2) 一連のセッション情報を仮想的に構築した上で，(3) その妥当性を判定するためにその情報にアクセスするための機構であるといってよい。ファイアウォール装置内でこの一連の解析処理が行われるため，クライアント (要求側) とサーバ (応答側) のセッション内容が「妥当」と判断されるまではパケットの伝送が行われないのである。

前提として，パケットはその名のとおりネットワーク上を分割して送られてくる。

単一のパケットをフィルタ対象とする第一世代ファイアウォールと異なるのは，(2) で示すとおり，クライアントとサーバ間の一連の接続要求をファイアウォール機器内で仮想的に構築する (並べる) 機能である。ここで仮想的に構築されたパケットデータの並びを，「コンテキスト」という。

いったんコンテキストが捕捉できれば，(3) で挙げた機構によってそのコンテキストデータを基に算術演算を行い，判定を行うことができる (図 **4.3**)。

[†] ネットワークを流れるデータは，「パケット」という分割されたフォーマットによって伝達される。コンテキストとは，直訳すれば「文脈」という意味であり，ネットワーク装置間でやり取りされる一連のパケットの並びも同様に文脈として捉えることができる。セキュリティ機器がこのコンテキストを識別することをいう。

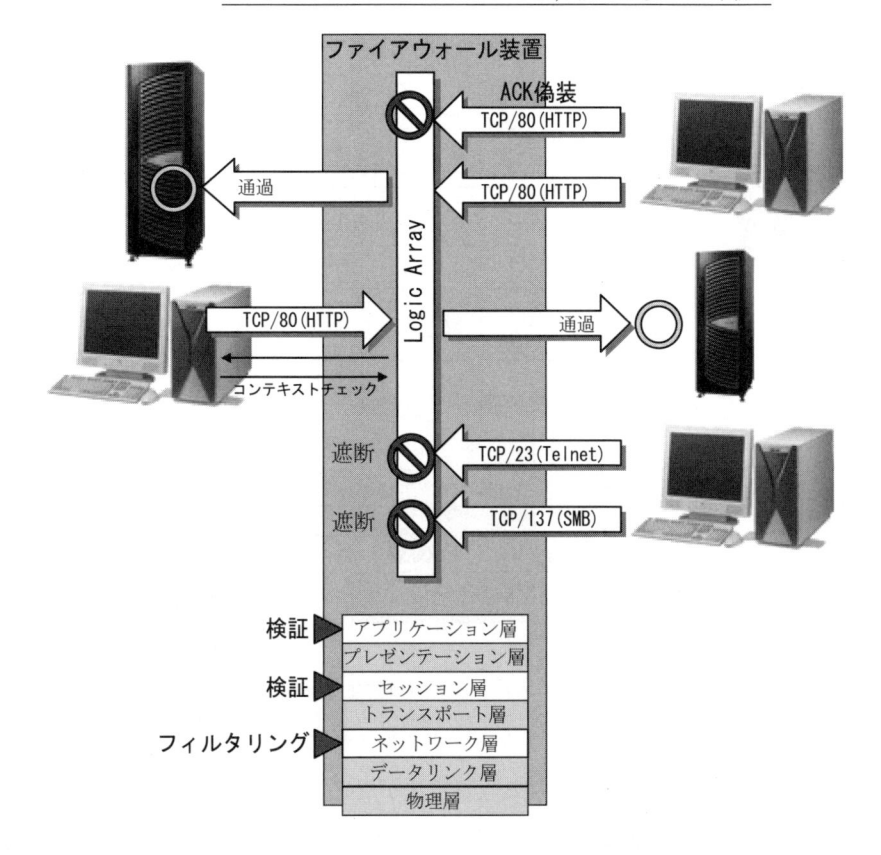

図 **4.2** 第二世代ファイアウォールの概念図

ステートフルインスペクションは，もともとは TCP フレーム上の要求元パケットとその応答パケットに含まれる ACK[†]フラグの矛盾を検出するために実装された。

要求側と応答側が通信するとき，リクエストに対する応答として ACK が付加されたパケットが戻る。

初期のファイアウォールは，この ACK フラグが付与された TCP パケット

[†] ネットワーク機器間の通信が行われるとき，送信先の機器が送信元の機器に対して送り返す「了承」を意味する電文。TCP/IP 通信においては、IP ヘッダ上の ACK ビットが ON の状態で返信されるパケットがこれに該当する。
データ通信が正しく行われたことを確認するために実装される。

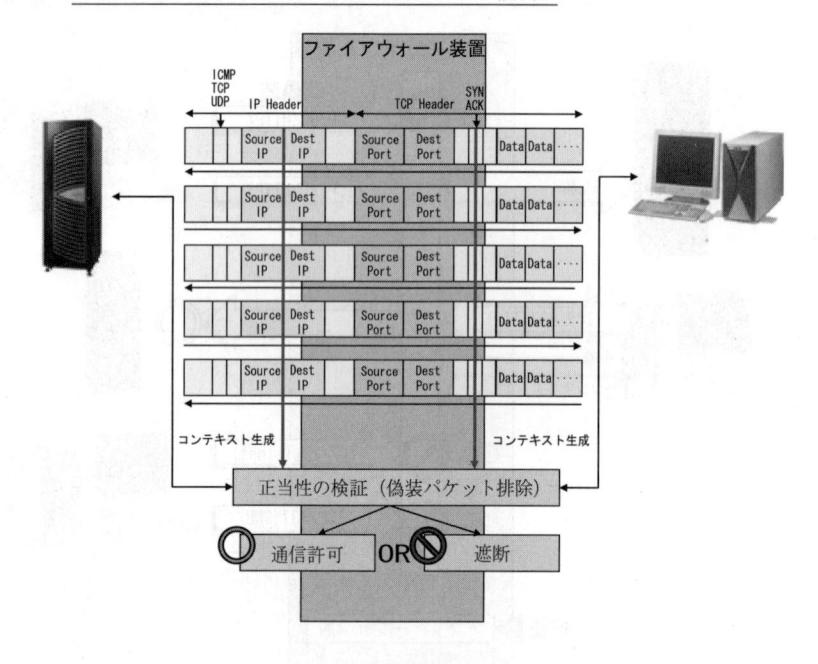

図 **4.3** コンテキストの仮想生成イメージ

は無条件に通過させてしまうようにデザインされていた。このため ACK フラグを偽装してサイトに侵入を図る攻撃手法が成立したのである。

普段は TCP ポートが閉じられていて，ACK フラグが付与されたパケットに対応するコンテキストが検出できない場合は，当該パケットを破棄するように動作する。

これがステートフルインスペクションのひな形となった。

2003 年頃のファイアウォール製品では，このコンテキストそのものの検証機能がより厳密になり，アプリケーション層でのポリシー違反検出も可能になっている。これらはレイヤ 7 ファイアウォールと呼称される。

例えば，接続元が SMTP クライアントであり，接続先が SMTP サーバであった場合を想定してみる。パケット単位の処理では判定できなかった (a) メソッドの種類，(b) プロトコルバージョン，(c) 要求文字列の長さを識別できるようになる。

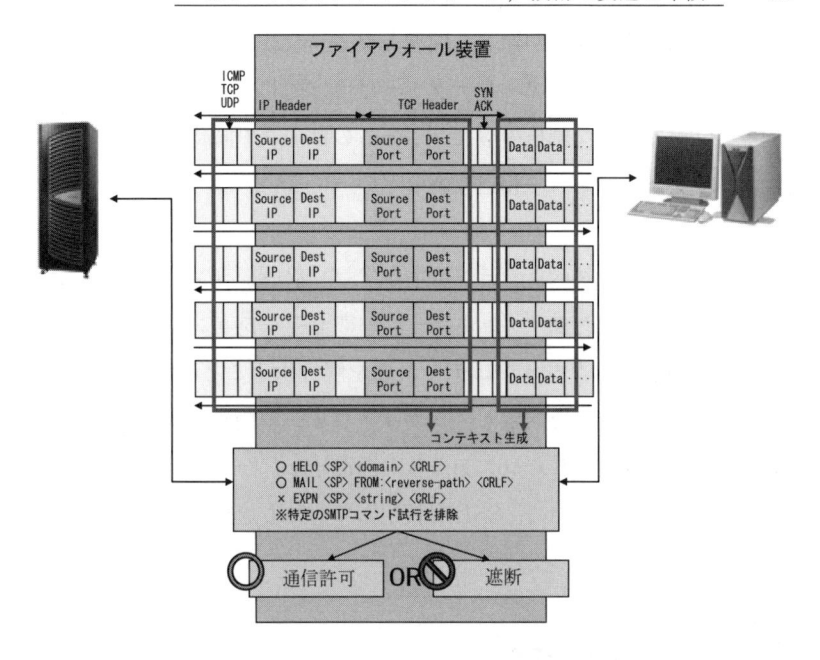

図 4.4 TCP25 上で特定のシーケンスを除外するイメージ

このことから，GET は許可するが SET は不可にするなどの制御が可能となっている (図**4.4**)。

ステートフルインスペクションは，判定のための演算テーブルを複数保持できる。

これはファイアウォール製品の実装にもよるが，ファイアウォール製品のうち，上位に相当するものは演算判定テーブルの定義，編集機能をユーザに開放しているものが多い。

逆に安価なコンシューマ製品では，ステートフルインスペクションをカタログスペックに記載していても，製品販売戦略上の理由もあってテーブルの定義，編集機能は隠蔽されていることが一般的である。

また，コンテキストの仮想生成は，ファイアウォール機器に高い性能，すなわち高速な CPU と大量のメモリを必要とする。

特に数千〜数万セッションを同時に処理しなければならない大規模サイトに

おいては，この要求仕様が顕著な問題となる。余談ではあるが，現代のファイアウォール製品が，そのアーキテクチャはほぼ同じであるものの，コンシューマ機と上位機で大きな価格の隔たりがあるのは，この同時処理セッション数を実現するパフォーマンスの相違であるといってよい。

注意

ステートフルインスペクション機能がアプリケーション層に介入しようとしても，SSL 通信†がクライアントとサーバ間でセッションしている場合は，ステートフルインスペクションはデータ部を解析することはできない。ただし，SSL アクセラレータ††を内蔵し，ファイアウォール機能を統合したゲートウェイ製品では，暗号化されたコンテキストの復号を含む一連のレイヤ7解析が単一機器内で可能となるため，SSL を使用していても適正にステートフルインスペクションが機能する。

4.1.3 シグネチャ技術

第二世代の範囲を出てはいないが，ステートフルインスペクションの算術演算テーブルに「シグネチャ」技術を併用している製品も多く存在する。

この機能は，いわゆる「ウイルス/ワーム対策」を明確に謳った製品に搭載される。

シグネチャとは，元データにあらかじめ演算を加え，ハッシュ値を抽出しておき，これをテーブル参照する方式である。

ウイルスやワームは，自己拡散の特性上，コンテキスト上に同一のハッシュ値を抽出できるポイントが必ず存在する。ステートフルインスペクションがシ

---

† SSL 通信とは，Web ブラウザと Web サーバ間での安全性を確保するために開発されたプロトコル，SSL(secure socket layer) を利用して通信を行うこと。
Web ブラウザと Web サーバ間でやり取りされるデータが，第三者傍受できないように暗号化される。
†† SSL 通信を行うために，演算装置の処理能力が奪われてしまうことがあり，多くの処理量をこなさなければならない Web サーバ側においてはこれは特に問題となる。このため，SSL 暗号化を専用装置に任せ，より効率のよい通信を行うようにシステムを構成する場合がある。この SSL 暗号化を行うための専用装置を，SSL アクセラレータと呼ぶ。

グネチャ技術を併用することで，コンテキストから複雑な演算を行う必要はなく，高い効率で当該コンテキストがウイルスやワームから発信されたものかを判定することができるのである (図**4.5**)。

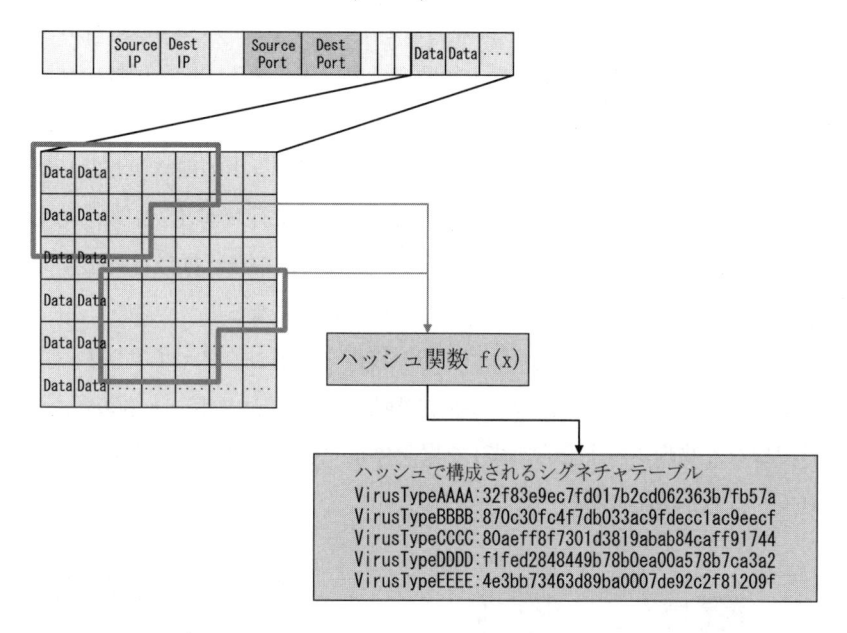

図 **4.5** ハッシュ演算の図

4.2 ファイアウォール技術に今後求められるもの

4.2.1 外部 → 内部の攻撃防御から内部 → 外部の通信制御へ

もともとの設計思想ゆえに，ファイアウォール装置は外部からの攻撃をいかに遮断するかを目的に進化してきた。ステートフルインスペクションの基本機能にあるように，偽装 ACK をチェックしポート開閉を綿密に行うといった仕組みは，信用できる LAN 内部から外部への通信は利便性を，また信用できない外部から内部への通信は厳密に制限を，という思想に基づくものである。

ところが，ウイルスやワームの実装技術の進化 (凶悪化) に伴い，こうした設

計思想がしばしば問題になる局面がある。USB リムーバブルメディア，メール，モバイル接続などのファイアウォールを経由しない通信を媒介して，組織内の LAN にウイルスやワームが侵入した場合である。

ファイアウォールが内部→外部の通信をオープンにしているとき，LAN 内で活動中のワームは容易に，しかも短時間で取引先や関係省庁，国外のブランチへの拡散を完遂することができるのである。

ワームの拡散を防止するには，ネットワークセグメントの即時切り離しが有効であるが，この判断をネットワーク管理者が人手で行おうとしても，発生検知から数分以上が経過すればウイルス/ワームは初期の自己拡散行動をすでに完了しており，おおむね適切時期を逸していることになる。

こうしたニーズから，先出のシグネチャ技術を併用し，ファイアウォール技術は LAN 側にウイルス/ワームの発生を検知した際，通信ポート(論理ポートだけではなく物理ポートを含めて)を緊急停止できるメカニズムの実装が指向されている(図**4.6**)。

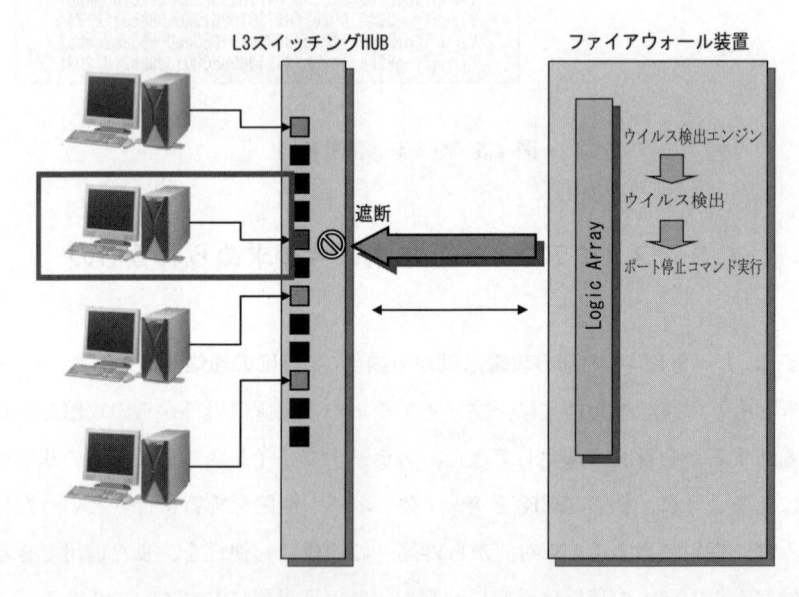

図 **4.6** ウイルス発生時のポート開閉イメージ

IDS(不正侵入検知システム/後述)とファイアウォールの連動も，今日において技術進化が著しい分野である。

ある組織内のコンピュータがウイルス/ワームに感染したとき，その組織は「被害者」に相当する。

しかし，一度そのウイルス/ワームが活動を開始し，その攻撃が外部のネットワークへ及んだとなれば，当該組織は一転して「加害者」となる構図が成立するのである。

システム管理の不行き届きは，「無知」を理由に許容されるものではなく，こうした事態において顧客や取引先の信頼をリカバリするためには多大なコストを要しなければならないことを念頭に置く必要がある。

4.2.2　サービス制御

各種のIPトンネリング技術を用いて，HTTPSセッション[†]においてL2パケット[††]を通過させ，VPNを構成する技術がある。この技術を用いると，組織を防御するファイアウォールを通過してあらゆるTCPサービスセッションを開設できるため，組織のセキュリティポリシーによってはこの利用を厳しく制限していかなければならない。

ある大学内のネットワークトラフィックを計測したところ，P2Pファイル交換サービスのパケット比率が80%を超えており，本来必要となるメールやWebブラウズの帯域を圧迫しネットワークシステム全体の性能低下原因となっていたという事例が存在する。ネットワーク設計や運用ポリシー設定時に，存在しないアプリケーションサービスについては管理側も推測の立てようがない

[†] SSLによる暗号化通信上にあるHTTP通信が行われているとき，公開鍵の取得，データの暗号化，データの送信，データの復号化という一連の流れを，HTTPSセッションと呼ぶ。HTTPは主としてWebブラウザとWebサーバ間での通信に用いられるプロトコルである。

[††] Layer2パケットは，OSI7階層におけるネットワーク層のパケットを指す。
HTTPSは最上位のアプリケーション層までを定義したものであるが，このデータ部にネットワーク層のパケットを圧縮して押し込み，TCP通信上は完全なHTTPSでありながら，まったく異なるアプリケーション層のプロトコルでの通信を可能とする技術をトンネリングと呼ぶ。

ことは無理もないが，ベストエフォートで構成される外部ゲートウェイに想定していないパケットが大量に流入することは，ネットワーク管理上避けるべき状況である。

社会工学の見地からいえば，エンドユーザのほとんどはネットワーク全体の効率や通信上の負荷を意識することはない．組織の教育状況にかかわらず，またその行為が海賊版ソフトウェアの交換など，明らかに違法行為であることをエンドユーザが認識していても，抜け道を探し出し帯域を消費し尽くすのがエンドユーザの特性であることを認識しておかなければならない．

この問題をハンドリングするためには，システム的な仕掛けが必要であり，QoS 制御[†]をベースにした特定アプリケーションサービスパケットの帯域コントロールや，好ましくないパケットについては強制ドロップさせるなどの処理をネットワークゲートウェイ (またはブリッジ) に実装しなければならない場合がある．

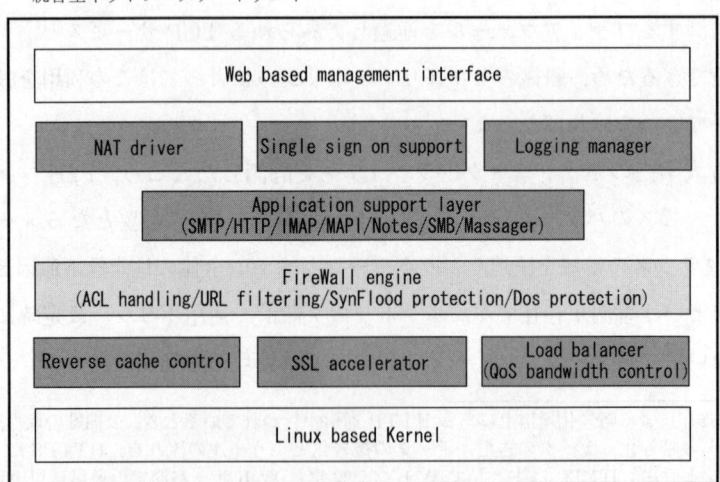

統合型ネットワークゲートウェイ

| Web based management interface |
| NAT driver / Single sign on support / Logging manager |
| Application support layer (SMTP/HTTP/IMAP/MAPI/Notes/SMB/Massager) |
| FireWall engine (ACL handling/URL filtering/SynFlood protection/Dos protection) |
| Reverse cache control / SSL accelerator / Load balancer (QoS bandwidth control) |
| Linux based Kernel |

図 **4.7** 統合型ゲートウェイの動作イメージ

[†] 特定のアプリケーションのためにネットワーク上の一定の帯域を予約し，通信速度を保証するための技術．

4.2 ファイアウォール技術に今後求められるもの

このソリューションとしても，ファイアウォールから発展した統合型のネットワークゲートウェイが用いられる (図**4.7**)。

4.2.3 不正侵入検知

ネットワークへの攻撃や侵入行為をリアルタイムに検出する仕組みとして，IDS (intruder detection system) がある。(a) ネットワーク上に設置し，セグメント全体を監視するもの，また (b) Web サーバ本体にインストールしてリクエストフィルタとして機能するもの，(c) ファイアウォール装置などのネットワークゲートウェイに組み込まれたものなど，その設計思想や用途に応じていくつかのタイプが存在する (図**4.8**)。

IDS のおおまかな仕組みとしては，(1)TCP パケットのコンテキスト追跡解析処理，(2) データブロックの抽出，(3) シグネチャやヒューリスティックエン

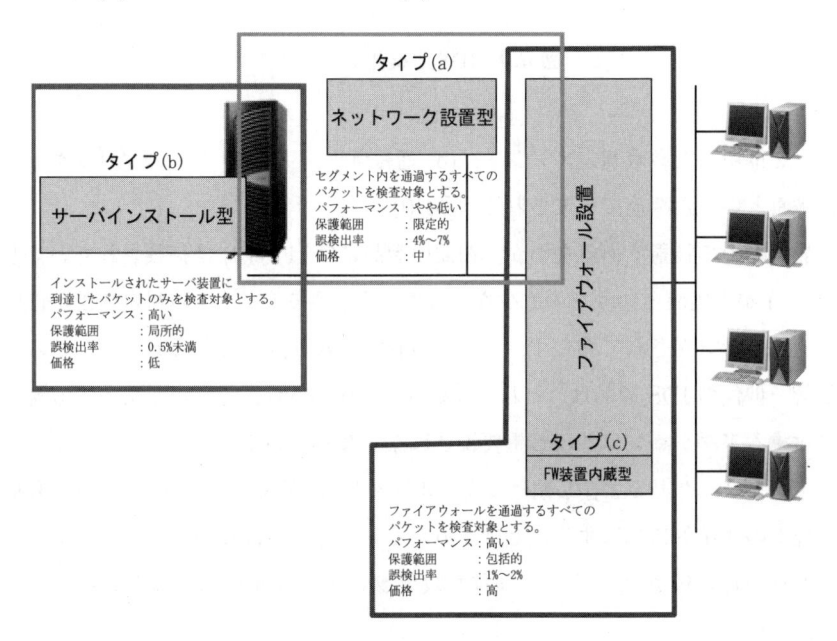

タイプ(a) ネットワーク設置型
セグメント内を通過するすべてのパケットを検査対象とする。
パフォーマンス ： やや低い
保護範囲 ： 限定的
誤検出率 ： 4%～7%
価格 ： 中

タイプ(b) サーバインストール型
インストールされたサーバ装置に到達したパケットのみを検査対象とする。
パフォーマンス ： 高い
保護範囲 ： 局所的
誤検出率 ： 0.5%未満
価格 ： 低

タイプ(c) FW装置内蔵型
ファイアウォールを通過するすべてのパケットを検査対象とする。
パフォーマンス ： 高い
保護範囲 ： 包括的
誤検出率 ： 1%～2%
価格 ： 高

図 **4.8** IDS タイプごとの設置形態 (a)～(c)

IDS機能ブロック

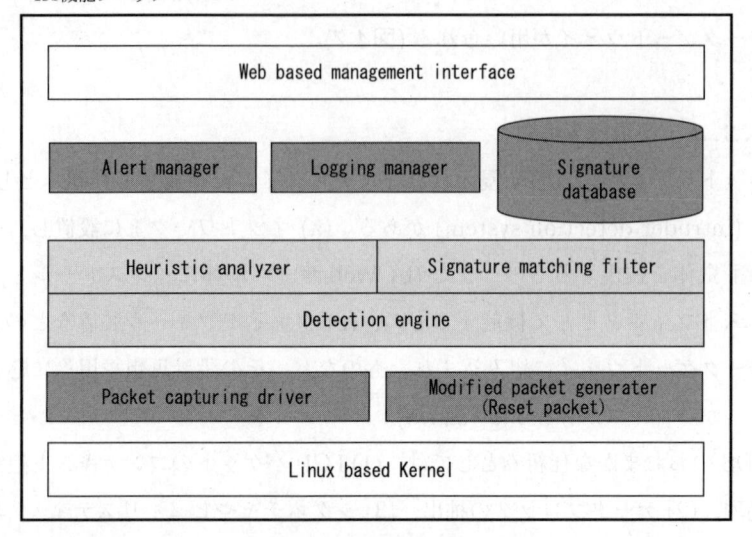

```
┌─────────────────────────────────────────────────┐
│  ┌───────────────────────────────────────────┐  │
│  │     Web based management interface        │  │
│  └───────────────────────────────────────────┘  │
│                                                 │
│  ┌─────────────┐ ┌─────────────┐  ╭─────────╮   │
│  │Alert manager│ │Logging      │  │Signature│   │
│  │             │ │manager      │  │database │   │
│  └─────────────┘ └─────────────┘  ╰─────────╯   │
│                                                 │
│  ┌──────────────────┐ ┌────────────────────────┐│
│  │Heuristic analyzer│ │Signature matching filter││
│  └──────────────────┘ └────────────────────────┘│
│  ┌─────────────────────────────────────────────┐│
│  │            Detection engine                 ││
│  └─────────────────────────────────────────────┘│
│                                                 │
│  ┌──────────────────────┐ ┌───────────────────┐ │
│  │Packet capturing      │ │Modified packet    │ │
│  │driver                │ │generator          │ │
│  │                      │ │(Reset packet)     │ │
│  └──────────────────────┘ └───────────────────┘ │
│  ┌─────────────────────────────────────────────┐│
│  │           Linux based Kernel                ││
│  └─────────────────────────────────────────────┘│
└─────────────────────────────────────────────────┘
```

図 **4.9** IDS の機能ブロック

ジンを併用した脅威判定エンジン，(4) 通報処理，(5) パケットのブロックまたは破棄といった機能で構成される (図**4.9**)．

　発展途上の技術であるためか，初期の製品には (1)〜(3) は搭載されていても (4),(5) が未実装というものも少なくなかった．さらに，(3) の判定機構が適切にチューニングされておらず，大量の誤判定を繰り返すこともあった．その結果第一世代の IDS 製品は，どれも「狼少年」扱いされ，それらが出力する警報に対するアクションはさほど重要視されなくなっている．

　ネットワーク上で生存し続けるウイルス/ワームが発信するパケットが，IDS 管理下のサイトに到達することはまったく珍しい話ではない．

　ScriptKiddy が愛用する，幼稚な攻撃ツールも同類に属するといってよい (図**4.10**)．

　この現状を踏まえ，最近では不正侵入をリアルタイムに検出し，これを管理者へ通知するというアプローチそのものが誤りであると認識されてきている．

```
[2004/03/07 17:18:55] [218.6.246.70]->[211.132.9.48] REQ:=GET
/NULL.IDA?CCCCCCCCCCCCCCCCCCCCCCCCCCCCCCCCCCCCCCCC
[2004/03/07 17:19:00] [218.6.246.70]->[211.132.9.48] REQ:=GET
/NULL.IDA?CCCCCCCCCCCCCCCCCCCCCCCCCCCCCCCCCCCCCCCC
[2004/03/07 17:19:05] [218.6.246.70]->[211.132.9.48] REQ:=GET
/NULL.IDA?CCCCCCCCCCCCCCCCCCCCCCCCCCCCCCCCCCCCCCCC
[2004/03/07 09:20:22] [218.22.166.211]->[211.132.9.48] REQ:=GET
/scripts/..%255c%255c../winnt/system32/cmd.exe?/c+dir
[2004/03/07 09:20:22] [218.22.166.211]->[211.132.9.48]  REQ:=GET
/scripts/..%255c%255c../winnt/system32/cmd.exe?/c+dir
```

図 *4.10* Script Attack ツールの残したログ

現代の製品では，(1)〜(3) の周到な実装はもちろん，(4) については事後にサマリ化したものを通知し，また (5) の処理では，確実に既知ウイルス/ワームが検出された場合はセッションを自動的に破棄するように動作するものが主流となっている。ただし，シグネチャに一致しない，まったく未知の攻撃パターンについては，シグネチャ(パターンファイル) の更新まではリアルタイムに通知されるように設定されるべきである。

(a) **未知攻撃の判定技術** シグネチャによって判定できない新たな攻撃手法を検出するために研究されている分野が，ヒューリスティックエンジン (発見的手法に基づく検出方法) である (図*4.11*)。

ウイルスやワームが有する，部位的な特徴をもとに，さまざまな判定アルゴリズムを用いて当該コンテキストが攻撃性を有するものかどうかを判断する。

判定を行うための具体例としては，リクエスト構文の正当性チェック，リクエスト構文全体の長さチェック，システム領域へのアクセス可否判定等が挙げられる。これらの複合条件から得られた数値情報を，核となるロジックアレイ(おおむね各社の特許対象) に処理させることで，ある程度の確率でそのリクエストが攻撃に分類されるかが判定できることになる。

この判定エンジンがシグネチャ技術と連携すれば，高精度のウイルス / ワーム検出を行うことが可能となるのである。

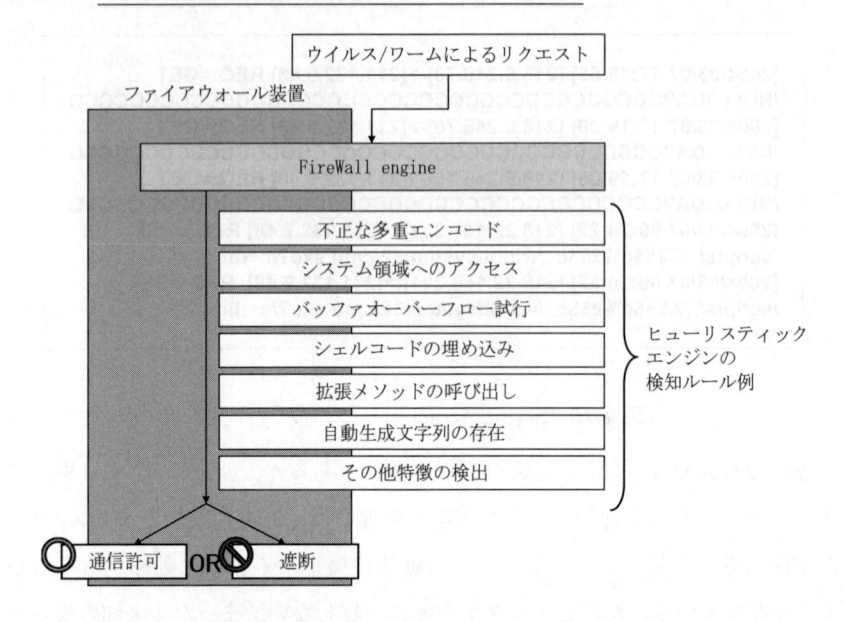

```
                    ウイルス/ワームによるリクエスト
    ファイアウォール装置      │
                        ▼
              ┌─────────────────────┐
              │  FireWall engine    │
              └─────────────────────┘
                ┌─────────────────┐  ┐
                │ 不正な多重エンコード │  │
                ├─────────────────┤  │
                │システム領域へのアクセス│  │
                ├─────────────────┤  │
                │バッファオーバーフロー試行│  │ ヒューリスティック
                ├─────────────────┤  ├ エンジンの
                │ シェルコードの埋め込み │  │ 検知ルール例
                ├─────────────────┤  │
                │ 拡張メソッドの呼び出し │  │
                ├─────────────────┤  │
                │ 自動生成文字列の存在 │  │
                ├─────────────────┤  │
                │  その他特徴の検出  │  │
                └─────────────────┘  ┘

        ◯ 通信許可    OR    ◯ 遮断
```

図 **4.11** ヒューリスティックエンジンの仕組み

(b) **挙動解析**　　ログ(履歴)をもとに，処理シナリオのパターンを学習することで，既知のシナリオから大きく逸脱したリクエスト群を抽出するのが挙動解析と呼ばれる手法である．

大規模サイトになれば，蓄積されるログは非常に膨大で，これを一つ一つ人手でチェックしていくことは事実上不可能といってよい．このアプローチを，データマイニングの手法を用いて効率化することができる．その初歩的な例を以下に示す．

2003年11月15日～11月20日までのWebサーバのログファイルがある．ログファイルをフィールドごとにパーシング(切り抜き抽出)し，要求元IPアドレスをキーにしていくつかの項目を集計する．

(a) 発生している NotFound(HTTP-404) エラー数
(b) 発生している Forbidden(HTTP-403) エラー数
(c) 転送量 (UP/DOWN)

この項目の集計値を用いて，正規分布表 (+ 側のみ使用) を用いた偏差計算を行い，当該 IP の行動特異性を検証する。

偏差を求める場合は，IP 単位の集計値から得られた平均を基準値 (0.5) とし，その集合範囲からどれくらい逸脱しているかを判定することになる。

利用者が，運営側の意図したとおりに Web を利用しているのであれば，多少のばらつきはあってもそのアクセスパターンは個々の IP でおおむね同じような経路を記録することになる。偏差計算は，このような「運営側の意図」とはまったく別の利用方法を取っている対象を抽出する点において非常に効率がよい。

正規分布表から導かれる IP アドレスごとの偏差値は，全体分布から極端に異なる値について演算結果が求められる (図**4.12**)。

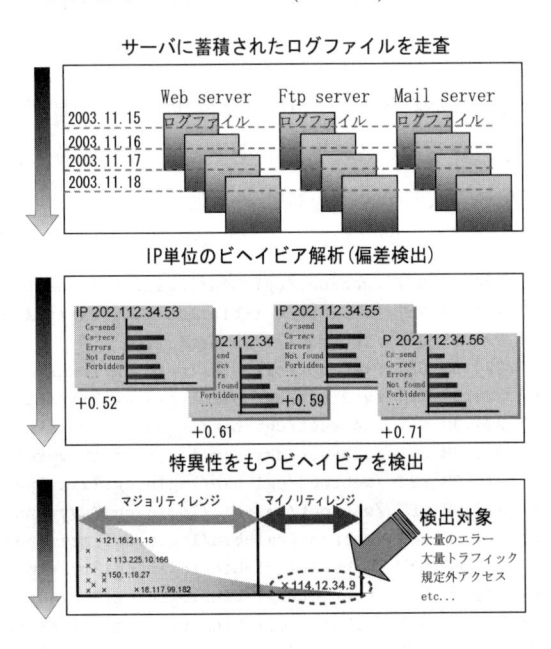

図 **4.12** 偏差プロット図

ログファイルを偏差解析したところ，403 エラー発生数から以下のような値が検出された。

202.14.152.199　　0.4562

202.133.12.15　　0.3821

202.123.10.243　　0.3336

61.92.189.3　　0.2946

201.223.19.74　　0.4052

61.57.224.98　　0.0015

正規分布では，大半の数値プロットは偏差の 3 倍 (*中間=0.500 0) という範囲内に収まることになるため，0.001 5 という値が得られた場合はそのアクセスパターンは「きわめて少数派」であることが識別できる。このような値は，Web コンテンツとして準備されたファイルを定常フローに従って利用している限り発生しない。

したがって，得られた結果から，61.57.224.98 という IP アドレスが，極端に多くのエラーを記録していることが判明する。当該 IP からのリクエストを抽出し順列化すると，以下のようなログが記録されていた。

```
08:16:12 61.57.224.98 GET /webroot/cgi-bin/login.cgi?user&pass 403
08:16:12 61.57.224.98 GET /webroot/cgi-bin/login.cgi?xxxx&Xxxx 403
08:16:12 61.57.224.98 GET /webroot/login.html 200
08:16:13 61.57.224.98 GET /webroot/cgi-bin/login.cgi?xxxxr&asax 403
08:16:13 61.57.224.98 GET /webroot/cgi-bin/login.cgi?xxxx&passwd 403
08:16:13 61.57.224.98 GET /webroot/cgi-bin/login.cgi?xxxx&back 403
08:16:13 61.57.224.98 GET /webroot/cgi-bin/login.cgi?yyyy&misc 403
08:16:14 61.57.224.98 GET /webroot/cgi-bin/login.cgi?xxxx&pass 403
08:16:14 61.57.224.98 GET /webroot/cgi-bin/login.cgi?yyyy&pass 403
08:16:14 61.57.224.98 GET /webroot/cgi-bin/login.cgi?zzzz&pass 403
08:16:20 61.57.224.98 GET /webroot/cgi-bin/login.cgi?rrrr&pass 403
08:16:20 61.57.224.98 GET /webroot/cgi-bin/login.cgi?vvvv&pass 403
08:16:21 61.57.224.98 GET /webroot/cgi-bin/login.cgi?tttt&pass 403
08:16:22 61.57.224.98 GET /webroot/cgi-bin/login.cgi?uuuu&pass 403
```

Login.cgi は認証用の cgi プログラムであることから，非常に短時間の間に，何回ものログイン要求を Web サーバに対して送信していることがわかる。

以上の解析により,当該 IP は利用者が Web ブラウザの送信フォームを正常手続きで操作した結果ではなく,ユーザパスワードを解析するためのスクリプトが実行されていることが判明する。

このように膨大なログに埋もれてしまいがちな,一見正常アクセスに見える履歴も,全体との偏差を検出することで単なる集計からは得られない重要な情報を抽出することができる。

偏差計算に加え,時間帯やアクセス頻度によって数値の重みを係数化したり,判定テーブルに学習機構,それも学習を積み上げるだけでなく「忘れる機能」により正確な判定を行う理論を組み合わせたものや,また検出した危険部位をわかりやすく視覚化する技術が研究されている。今後の発展が期待できる分野である。

4.2.4 パッチコントロール技術

パッチ (OS やアプリケーションの修正ファイル) コントロール自体は,ファイアウォール上の技術とは異なる領域である。しかしシステムの脆弱性,およびサイバーアタックに対処していく上では,適切なパッチプログラムの適用は必須業務となっており,またその作業の煩雑さも相まってネットワーク管理者の悩みの種である。

パッチ配布を行うサーバシステムは本稿執筆時にすでにいくつかの製品が市場にあり,注目を集めているが,ファイアウォールシステムがこうしたパッチディストリビューションシステムと連携し,不適切なパッチ適用状態にあるコンピュータの外部通信をブロックするように動作する仕組みが試行されている。

あるパッチ配布システムの動作例を以下に示す。

(1) クライアントコンピュータにパッチ適用を促すメッセージを出力し,パッチファイルの配布と適用を行う。

(2) パッチインストールが完了すると,当該ノードの完了情報をパッチ配布システムの管理サーバに集約する。

(3) 適用期限を切れてもパッチ適用が完了していないコンピュータに対して

は，連動する DNS が異なる名前解決情報（通常 LAN 内にあるパッチ適用システムの説明 Web）を渡すように動作する．パッチ適用を完了しないコンピュータは，外部サイトの名前解決を得ることができなくなる．

(4) パッチ配布システムの管理サーバは，さらにファイアウォール装置と連動し，当該コンピュータと外部との通信を遮断する．

(5) パッチ適用が完了したとき，パッチ配布システムの管理サーバは DNS とファイアウォール装置に当該コンピュータの外部通信許可を復元する．

4.2.5 統 合 化

ネットワークコンポーネントそのものの価格は下落傾向にあっても，保守費用，メンテナンスのための人件費については，コンポーネントが増えるに従って無視できないコストインパクトを与える．

ファイアウォールは，ネットワークを構成するコンポーネントの一つであるが，従来個別に進化してきた負荷分散装置（ロードバランサ），ウイルスチェッカ，SSL アクセラレータ，L7 サービスフィルタ制御†，スイッチング HUB 等の各コンポーネントが単一の筐体にインテグレートされた製品が今後主流となるといわれている．この動きは，単なる運用/保守費用のコストダウンだけではなく，ネットワークトラフィックを総合的に追跡監視し，それをコントロールするために必要不可欠となる．

まとめ

ポストファイアウォールとして，ネットワークコンポーネントの在り方を考えたとき，本章で挙げたさまざまな機能が高密度にパッケージングされた「トラフィックマネージャ」がこれに相当すると考えられる．

---

† Layer7 は，OSI 参照モデルの第 7 層に位置し，ネットワークアプリケーションのうちユーザが直接接する部分である．メール（SMTP），FTP，HTTP などはこの Layer7 までを定義している．セキュリティ機能がこうした Layer7 にあるアプリケーションレベルの通信を制御可能とすること．

今日，IPv6への移行と併せて，従来からあるゲートウェイ単体としてのファイアウォール製品はその製品ライフサイクルを終えようとしている。ステートフルインスペクションから発展したパケット追跡機構の高度化は，単なるノード保護からネットワーク上のトラフィック，ひいては情報そのものを保護するために機能し始めている。

インターネット黎明期に生まれ，ネットワーク階層モデルのレイヤ2におけるパケットの仕分けに専従していた装置は，いまやレイヤ2からレイヤ7までのすべてを制御することを前提に，さまざまなアイデアと要素技術が詰め込まれたネットワークコアコンポーネントとしての進化を続けているのである。

4.3 ま と め

サイバーアタックを行う攻撃者の趣向は，もはや初期のハッカーが好んで使用していた，企業のメインフレームアクセスをメンテナンスラインから突破するような古典的手法ではなく，ウイルスやワーム技術を用いたマス・アタッキングにその主流を移している。堅牢なメインフレームを一点突破するよりも，常時接続された大量のパーソナルコンピュータを標的としたほうがその攻撃意図と目的に沿うためである。

オールドタイプハッカーが技術指向に根ざした「解析」という目的と異なり，現代のハッカーはイデオロギーの主張手段や，社会インフラ全体に対して混乱を起こすためにITを用いているといってよい。

こうした背景もあって，従来，データセンターで運用されていたセキュリティ要素は，ブロードバンド接続の一般大衆化に合わせて低価格化が進み，コンシューマ製品にも採用されるようになった。例えば，パーソナルファイアウォール，IDS，データ暗号化システム，アクセス制御といった分野の高度技術が，今日では個人用のパーソナルコンピュータにさえ標準搭載されている。

コンポーネントであるセキュリティ製品の高度化と，コンシューマレンジへの普及理由を挙げるとすれば，前述のようにサイバーアタックが蔓延する社会

情勢に対する，セキュリティニーズが依然として高いことにある．

本章で取り扱った技術は，セキュリティを維持するためのコンポーネントを構成する要素としての位置づけを超えるものではなく，これらのセキュリティコンポーネントを個々に導入するだけでは現在求められているセキュリティ基準を満たすことはできない．

個人情報取り扱いの厳格化，不正アクセスの防止といった，管理側，利用者側双方に求められる情報の保護規制は，近年周辺法規の整備が進められており，サービス業者(プロバイダ)はこの一定条件を満たした上でサービスを提供していく必要に迫られている．

いかに革新的な次世代技術が登場したとしても，システムとしてのセキュリティ技術と，人的運用設計におけるセキュリティ基準の整備，そして社会科学的なアプローチが完全な形で実装されてこそ，初めてサービス基準を実現できるのである．

5 具体的セキュリティ事象と対策

本章では，実際にセキュリティ対策を実現していくにあたっての手順を解説するとともに，セキュリティ被害の原因から見た事例とその対策を述べる。最後に，組織(企業・団体)のセキュリティレベルを測定するための，具体的なアセスメント手法について紹介する。

5.1 セキュリティ対策とアセスメント

5.1.1 セキュリティ対策実現の手順

以下にセキュリティ対策の手順を紹介する。2章で述べたITツールや技術による対策と，3章で述べたマネジメントを，車の両輪として位置づけ，それぞれの組み合わせにより確固たるセキュリティ対策を実現する必要がある。それには多大な時間と検討を要するが，辛抱強く段階を踏んで実現することが肝要である。

では，セキュリティ対策の実現手順を見ていく(**図5.1**)。

(a) **セキュリティポリシーの策定**　セキュリティポリシーの重要性および策定にあたってのポイントは3章で述べたとおりである。まずは，しっかりとしたセキュリティポリシーを策定することが重要である。このポリシーなくしてセキュリティ対策はないといっても過言ではない。守るべき情報の整理，ネットワーク状況，サーバやPCの配置，組織形態，企業ガバナンス，コンプライアンスなど自社の現状を正確に調査し，また将来の計画も踏まえた上で最適なセキュリティポリシーを策定する必要がある。

```
┌─────────────────────────┐
│  セキュリティポリシーの策定  │——●  三つのマネジメントの視点で，
├─────────────────────────┤     「なに」を「誰」からどう守るのか
│    実現手段の検討         │——●  理想と現実のギャップを分析し，
├─────────────────────────┤     優先順位をつけ，実現手段を検討
│    セキュリティ構築        │——●  IT面のセキュリティ構築のみならず
├─────────────────────────┤     組織的な運用の体制，教育も構築
│    セキュリティ運用        │——●  つねに最新の情報を収集し，即座に
├─────────────────────────┤     対策を打つ，また問題発生に処する
│    監査・見直し           │——●  定期的に脆弱性を監査し(IT，体制)，
└─────────────────────────┘     見直すべき点があれば修正する
```

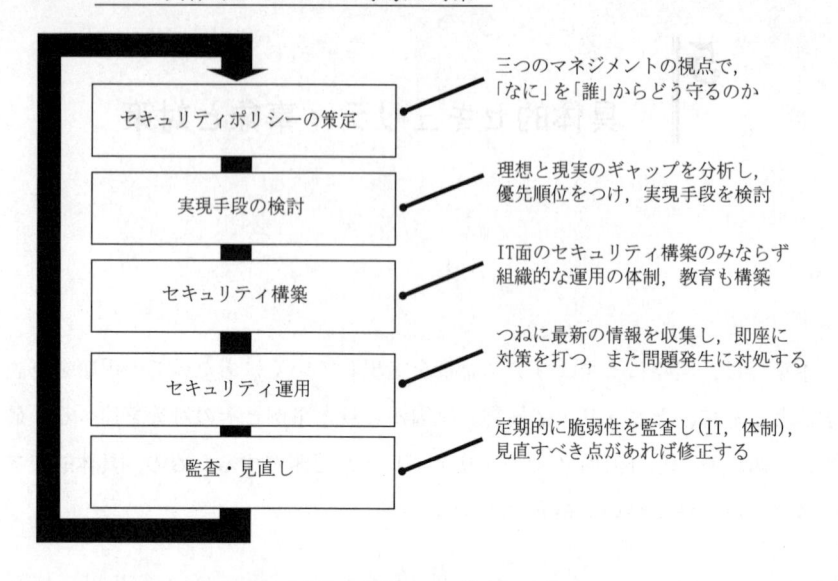

図 **5.1** セキュリティ対策の手順

(b) 実現手段の検討 セキュリティポリシーを策定したら，つぎはそのポリシーの実現方法の検討である。セキュリティ対策を実現するための組織をどうするか，教育をどうするか，問題発生時の対策手順をどうするか，そしてIT的な対策をどうするかである。

ここで陥りやすいのが，完璧を目指し過ぎてしまうことである。脅威，リスク，被害額の算定等を行いながら投資とのバランスをとりながら実施していく。

セキュリティ対策実現の検討で重要なのは，対策の優先度をつけて，時間軸での実現計画を立てることである。なにが自組織にとって最重要課題なのか(守るべき資産はなにか)それを守る対策はなにか，これらを明確化し対策の優先順位をつけていくことが必要である。ただし，マネジメントルールを作ることは，最優先すべき事項である。

(c) セキュリティ構築 さて，実現のプライオリティが決まったら，構築である。必要となるIT機器，ソフトウェアの購入と実装だけでなく，運用ルールや手順書の作成，利用者への教育 (必要に応じて WBT の準備)，セキュ

リティ委員会の計画および開催を行う．ここではセキュリティベンダの選定も重要な検討事項になる．候補となるベンダにセキュリティポリシーを正確に伝え，RFP(提案の要求) を提示する．ベンダ選定にあたっては，提案の評価基準を用意しておくことも重要である．

(d) **セキュリティ運用** セキュリティ対策の構築が終わったら，その運用フェーズに入る．3章でも述べたが，セキュリティは継続的な運用が最も大事な作業である．運用ルールに則り日々継続して運用をしていかなければならない．

セキュリティの運用は大きく二つに分けられる．一つはIT機器の運用であり，もう一つは人的な運用である．IT機器の運用は最新のセキュリティ情報をウォッチし，セキュリティ機器(ファイアウォールやIDS，ウイルス対策ソフトなど) の設定に素早く反映させていくことと，セキュリティ問題を予兆するためにログ監視などを行うことである．

人的な運用とは，利用者のセキュリティ意識の維持・向上やモラル向上などである．人間のモラルは，一朝一夕に向上するものではない．粘り強く繰り返し繰り返し教育していく必要がある．

(e) **監査・見直し** セキュリティ運用をしている中で，さまざまな不具合や修正点が出てくる．運用ルール不備の可能性もあるし，環境変化などの外的要因から修正を迫られることが多い．例えば新しいセキュリティ脅威(アタック手法など) が顕在化した場合には，それに合わせて対策を変更しなければならない．組織運営に影響を及ぼすこともある．

これら，修正点を洗い出し，整理するために定期的なセキュリティ監査を実施することが肝要である．5.1.3項にセキュリティアセスメントの事例を紹介するので，参考にしてほしい．これらアセスメントと3章で述べたセキュリティ監査制度を利用して，セキュリティレベルを上げていくことが重要である．

5.1.2　セキュリティ被害の原因から見た対策

1章で述べたとおり，セキュリティ被害は「内部要因と外部要因」，「作為と不作為 (ミス)」の観点 (軸) から四つの事象に分類できる (図5.2)。

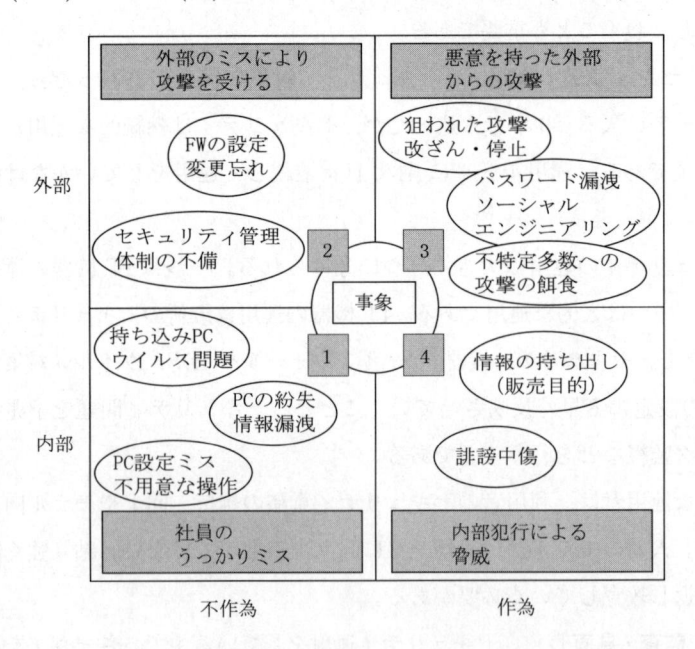

```
              不作為                          作為

         ┌─────────────────┬─────────────────┐
         │  外部のミスにより  │  悪意を持った外部 │
         │   攻撃を受ける    │    からの攻撃     │
         │                  │   狙われた攻撃    │
         │    FWの設定       │   改ざん・停止    │
         │    変更忘れ       │   パスワード漏洩  │
   外部  │                  │   ソーシャル      │
         │  セキュリティ管理 │   エンジニアリング│
         │   体制の不備     │2  3 不特定多数への│
         │                  │     攻撃の餌食    │
         │              事象                   │
         │   持ち込みPC     │1  4 情報の持ち出し│
         │   ウイルス問題    │     (販売目的)    │
   内部  │    PCの紛失       │                  │
         │    情報漏洩       │    誹謗中傷       │
         │   PC設定ミス      │                  │
         │   不用意な操作    │                  │
         │    社員の         │  内部犯行による   │
         │   うっかりミス    │     脅威         │
         └─────────────────┴─────────────────┘
```

図 **5.2**　事象マトリックス

事象1は「内部のうっかりミスによって発生するセキュリティ被害」，事象2は「外部のうっかりミスによって発生するセキュリティ被害」，事象3は「外部から作為をもって攻撃される被害」，事象4は「内部の作為をもった者に起因するセキュリティ被害 (内部犯行)」である。

これら4事象ごとのセキュリティ被害を紹介し，マネジメントの観点からどのような対策を打つべきかを述べていく。

(a) 内部のうっかりミスによるセキュリティ被害 (事象1)　この事象の代表的な被害は，ウイルス問題が挙げられる。ウイルス対策ソフトやパッチ適用の不備によって組織内にウイルスが蔓延した経験を持つ者は多いであろう。

これには個々人のさまざまなうっかりミスが原因となっている。最近，持ち込みパソコンの組織内ネットワークへの接続によってウイルスを感染させる例が後を立たない。特に個人所有のパソコンなどは組織が定めた基準によってセキュリティ対策が講じられていない場合が多い。ADSL等の普及により常時接続のネットワーク環境が家庭にも引かれ，無防備にウイルスにさらされている。こうした外部のネットワークから感染したパソコンが組織内のネットワークに接続されることにより一気に感染が拡大する。最近のウイルスはかつてのように電子メールを媒介して感染するとは限らず，ファイル共有機能からも感染する。

その他，ウイルス対策ソフトのパターンファイル自動更新機能設定の不徹底によるウイルス感染や，パソコンの盗難，紛失による情報漏洩などがこの事象の事例として挙げられる。

この事象に対する対策は，セキュリティマネジメントの強化が中心となる。

セキュリティポリシーの策定・徹底，利用者全員に対するセキュリティ意識づけ，さらには組織内で使用されているパソコンを外部に持ち出すときの規定の制定などを必要に応じて実施することが対策となる。

(b) 外部のうっかりミスに起因する脅威 (事象2)　　この事象は，自組織以外のうっかりミスによって被害を受ける場合である。最も多いセキュリティ被害は，あるサイトを踏み台にしてアタックする方法である。インターネットに公開しているサーバのセキュリティホールを利用して，サーバを乗っ取り，そのサイトを語って悪さをするものである。スパムメールの踏み台や直接的なターゲットを狙ったアタックなどが代表的である。攻撃者は，ある意味犯罪者であるから自分の素性を知られたくないため他人のサーバを利用するわけである。

この事象での対策は，2章で紹介した"情報システムをどう守るか"を基本に講じることが有効である。また，併せてセキュリティマネジメントの観点でサーバ等の監視を行うことで早めに兆候を発見することが可能である。

往々にして被害を誘発してしまった外部の企業・団体は無意識の場合が多い

が，それは見方を変えれば自組織も踏み台になる可能性を秘めている．踏み台に利用されて他社に迷惑をかけることは，社会的にも信頼が落ちることになるため，セキュリティホールは完璧につぶしておくような日々の運用が最も効果的な対策といえる．

(c) 外部から作為をもった攻撃の脅威 (事象3) 事象3は，最も悪質なセキュリティ脅威といえる．これら犯罪者(あえて犯罪者と呼ばせていただく)には，愉快犯と確信犯が存在する．愉快犯は自己の技術力を誇示し，世の中を騒がせることを目的としてウイルスを作成配布したり，他人のサーバに不正に入り込みホームページを改ざんしたりする．確信犯は，他人サーバから秘密情報や個人情報を盗んだり，破壊したりして自己の利益のために悪さを行う．

彼らの手段は，サーバのセキュリティホールを突いて進入したり，盗聴(通信路上の盗聴)やソーシャルエンジニアリングによってパスワードを盗むなどしてサーバに進入する．

ある事件では，WebサーバのCGIプログラムのセキュリティホールを利用して，個人情報を盗み出した例がある．電子政府システム(組織体制も含む)のセキュリティに対する意識が低いことを証明するために，官庁・外郭団体のサイト，それを受託する国内メーカーのサイトをこの手法で攻撃した．「ほら，こんなにセキュリティレベルが低いでしょ」，「簡単に情報を盗むことができた」といってインターネットサイトで公表し，結果的に盗んだ個人情報やそのアタック手法をも発表したがために逮捕されるに至った．

この被害を未然に防ぐには，まずはサーバに侵入されないようシステム的な対策を打つことが必要となる(2章を参照)．セキュリティホールをふさぐことはもちろん，パスワードが盗聴されないように暗号化するなどの対策が必要である．その上で，情報を盗まれないよう企業内にある情報の管理，サーバへの置き方，アクセスコントロールなどの管理が重要といえる．

(d) 内部犯行による情報漏洩の事例 (事象4) この事象4は最も対処が難しい．なぜなら，内部の人間(社員)が悪意を持つ事象だからである．個人情報を持ち出し悪用する(販売する)，自組織に故意にウイルスを撒き散らす，内

部のサーバを内部ネットワークから攻撃する，などといったシステム的には防御できない被害が多い．

　頻発する個人情報漏洩の多くは，内部の人間が販売目的で持ち出すことから発生している．それら個人情報は，おもに広告 (ダイレクトメールや電話勧誘など) に利用される．

　ここでの最も大きな被害は社会的信用を失うことである．個人情報保護法が制定されて以降，個人情報の管理は企業にとって重要な経営課題となっている．特に，内部犯行によるものであれば管理レベルが疑われ，企業イメージやブランドの失墜による経営危機にも繋がる恐れがある．

　では，この内部犯行にマネジメントレベルで打つ手があるのだろうか．これに関しては，組織員のモラル教育に尽きる．徹底したセキュリティ意識教育とモラルの向上を行うことが最善の策である．いくら情報のアクセス制限をかけても暗号化しても，アクセス権限を持つ管理者が悪意を持てば，情報を持ち出すことを簡単に防ぐことはできない．

　もちろん，前提として 2 章で述べた，情報システムをどう守るか，その中でアクセスコントロールをどう設定するかは重要な対策となり，コンピュータ室への物理的な入退室管理の対策を踏まえた上でのことである．

　また，出入りする業者の管理も重要である．某地方自治体で住民の個人情報が盗まれたのは，開発を受託したソフトウェアハウスのアルバイトが原因であった．コンピュータシステムを外注する場合は，その業者との間でセキュリティに関する契約をしっかりと結ぶ必要がある．

(e) **マネジメントレベルで守る**　原因のマトリックスから 4 事象に分けて説明をしてきたが，セキュリティマネジメントから見た対策を述べていく．結論からいうと，セキュリティポリシーをしっかりと策定し，利用者全員がそれを遵守し，日々継続的にセキュリティ意識を持って運用するということになる．外部からのセキュリティ脅威にはつねに最新のセキュリティ情報をウォッチし，システムに反映させていくことが重要である．外部に情報公開する Web サーバは当然，細心の注意を払う必要があるが，オフィスに置かれるクライア

ントパソコンについても利用者一人ひとりが，セキュリティ意識を持って管理する必要がある。セキュリティ管理者やサーバ管理者だけの仕事ではないことを全員に理解させることが重要である。

内部犯行に対しては前述したようにモラル教育が中心となる。日本の法制度上，無形の情報が刑法でいう窃盗にあたるかどうか明確な結論は出ていないが，情報が経営資産である以上，組織，特に企業にとって大きな問題であることには違いない。セキュリティポリシーに記載することは当然だが，企業であれば就業規則などに明確な罰則規定を設けるなど人事制度と連携した対策が必要になる。

「インターネットに接続しないのが究極のセキュリティ対策である」という意見もあるが，持ち込みパソコンからウイルス被害に合うことが多いことを考えれば，必ずしもそれが万全とはいえないし，また，内部犯行にも効果がない。結局はセキュリティリスクを十分に分析し，セキュリティ被害に合わないよう事前対策を継続して実行するほかはない。併せて，被害を受けてしまった場合の事後対策を準備しておくことが重要である。セキュリティ被害は，発生からどれだけ素早く対処できるかによって被害の大きさが変わってくる。組織的な対応体制と対応手順をつねに意識することが重要である。そこでの視点は，とにかく第三者に迷惑をかけないことが基本となる。第三者とは企業を例に取ればお客様であり，取引先であり，社員である。例えば，ある社員のパソコンがウイルスに感染したときに，まず行うべきことはそのパソコンを社内ネットワークから切り離すことである。それにより最低限感染の拡大は防げる。その上で，セキュリティ報告ルールに従って報告を上げ，ウイルス駆除を行う。サーバも同様であり，まずは社内のネットワークから切り離すことが重要な対策である。こういったルールをセキュリティポリシーの運用手順の中に明確化する必要がある。利用者誰でもが問題が発生したときに同様の対処を行うことができればセキュリティレベル向上につながる。そうした基本的な考え方，方法論などを組織として確立し，運用することがセキュリティマネジメントの肝である。

5.1.3 セキュリティアセスメントの実際

ここでは，組織のセキュリティレベルを測るための方法であるセキュリティアセスメントを紹介する．ここで紹介するのは簡易レベルのアセスメントではあるが，セキュリティの問題点の大枠を捉えるには十分な手法である．別紙に，アセスメントにおける確認項目を添付してあるので，是非，自組織にあてはめてアセスメントを実行していただきたい．詳細な分析は専門家に任せるとしても，ある程度の問題点，改善点は見出すことが可能である．

(a) アセスメントの手法 アセスメントは専門家による調査・ヒアリングとシステム的なチェックの2種類がある．システム的なチェックとは，セキュリティホールの自動探査ツールなどを用いて行うが，本章では調査・ヒアリングによるアセスメントを紹介する．

まずは，**表5.1** アセスメントの確認項目を見てほしい．この表には，「ポリシー」，「組織・人」，「物理的・環境的対策」，「通信および運用管理」，「アクセス制御」，「開発および保守」，「法規への準拠」の七つの大項目があり，その中に50項目にわたる中項目がある．表は，中項目のみの簡易版であるが，さらにはそれぞれの中項目の中に合計200個の小項目がある．企業活動の広範囲に影響を与えるセキュリティ問題は，それを守るためにも広範囲な対策が必要であることが，この確認項目を見ただけでも理解できる．

これらの確認項目すべてに Yes/No で回答し，その回答内容からセキュリティレベルを分析する．その結果，対策が弱いところ，問題があるところが見えてくる．

具体的な確認項目を見てみよう．まず「ポリシー」のところでは，セキュリティポリシーの存在の有無から始まり，その公開に関すること，見直しに関すること，情報資産の管理およびリスクに関することなどが問われる．これによりセキュリティポリシーの策定および運用に関わる対策レベルを診断する．

つぎに，組織と人に関する項目である．ここでは，セキュリティ対策の組織

表 5.1 アセスメントの確認項目一覧

	項番	質問
ポリシー	1	情報セキュリティポリシー (基本方針や規程等) を制定し，必要な関係者 (協力会社，アルバイト，パート等も含む) が必要なときに参照できるようになっているか．
	2	情報セキュリティポリシー (基本方針や規程等) を定期的に見直し，必要に応じて変更しているか．
	3	情報資産を適切に管理するための資産台帳等を作成し，各情報資産のリスクを分析しているか．
	4	情報の重要度に応じた分類基準を設け，その分類に応じた取り扱い方法を規定しているか．
組織・人	5	情報セキュリティの確保について，主導するための組織 (委員会等を含む) を明確にし，管理者等の責任範囲や役割を規定しているか．
	6	情報セキュリティポリシーや関連する実施手順等に関する教育・訓練を定期的に実施しているか．
	7	採用基準 (パート，アルバイトを含む) を明確にし，採用者に対して機密保持等を義務づけているか．
	8	情報システムの開発や運用を外部委託する場合，セキュリティ要求事項を明記した正式な契約を締結しているか．
物理的・環境的対策	9	重要な情報資産を物理的に保護するためのセキュリティ区画 (コンピュータ室等) を設けているか．
	10	セキュリティ区画 (コンピュータ室等) は，許可されない者がアクセスできないよう入退管理を実施しているか．
	11	装置の状態をつねに正常に維持するため，装置の保守を適切に実施しているか (定期保守，保守担当者の特定，保守記録等)．
	12	装置の設置場所における環境上の脅威 (窃盗，火災，水，ほこり，振動，電源障害等) を軽減するための措置を講じているか．
通信および運用管理	13	情報システムの操作や運用について，操作手順書や指示書等の文書で規定しているか．
	14	情報システムやネットワークの利用状況を監視し，将来に必要な処理能力や容量を予測しているか．
	15	情報システムやネットワークを新規導入あるいは変更する際の受け入れ基準を確立し，本番利用の前に適切なテストを実施しているか．
	16	重要な情報，ソフトウェア，各種機器の設定情報等のバックアップコピーを定期的に取得しているか．
	17	情報システムの運用担当者の操作履歴を記録しているか．
	18	テープ，ディスク，カセット等の移動可能な記憶媒体や出力帳票等の管理策 (持ち出し許可，保管方法指定，保管記録等) を講じているか．
	19	不要になった媒体や装置，出力帳票等を処分する際，情報漏洩を防止するための措置 (破壊，裁断等) を講じているか．
	20	電子メールの使用ルールを定め，電子メールによる情報セキュリティ事故を防止するための管理策 (利用者の制限，ウイルスチェック，送信内容チェック等) を講じているか．

表 5.1 　（つづき）

	項番	質問
通信および運用管理	21	システム障害や情報セキュリティ事故等を記録，報告し，それらを分析して是正措置を講じているか。
	22	情報セキュリティ事故や影響の大きいシステム障害等が発生した場合に備えて，連絡体制および管理体制を明確化し，緊急時対応マニュアル等を整備しているか。
	23	情報セキュリティ問題に関する情報を外部機関等から入手するとともに，その対策の必要性を検討しているか
	24	公開サーバが設置されているセグメントおよび内部セグメントに対する適切なアクセス制御が可能なネットワーク構成がとられているか。
	25	社内ネットワークにウイルスが混入しないような対策を講じているか。
	26	未使用または不必要なデーモン/サービス/エージェント/プログラム/アカウント等がすべて停止または削除されているか。
	27	不正なデーモン/サービス/エージェント/プログラム/アカウントが稼働されていないか確認しているか。
	28	セキュリティに関連したソフトウェアの修正 (パッチ等) の最新版を可能な限り速やかに適用しているか。
	29	外部アドレスから外部アドレス宛のメール転送を適切に管理しているか。
アクセス制御	30	情報へのアクセス制御に関するルールを規定しているか (ネットワークや業務用ソフトウェアの利用権限，職務区分に応じた標準的なアクセス権限等)。
	31	情報システム等の利用者の管理ルール (申請から承認，発行，削除まで) を規定しているか。
	32	情報システムの特権 (管理者権限) の割当および使用を制限し，管理しているか。
	33	情報システム等の利用者のアクセス権を定期的に見直しているか (未使用ＩＤの削除等)。
	34	情報サービスへのアクセスについて，ログオンプロセスの安全性を考慮しているか (失敗した試みの記録，失敗回数の制限等)。
	35	情報システム利用者は，個人を特定できる一意の識別子 (利用者ＩＤ) を使用しているか。
	36	パスワード管理について，情報セキュリティ上の問題 (容易に推定されない，定期的な更新の義務づけ等) について考慮するよう利用者に指示しているか。
	37	情報システム利用者に有効なパスワードを設定させるための対話式の機能を備え，パスワードの内容や文字数，文字の種類，変更の頻度等を管理しているか。
	38	ネットワークや業務用システムについて，許可された利用者以外によるアクセスを防止するための措置 (利用者認証等) を講じているか。

表 5.1　（つづき）

	項番	質問
アクセス制御	39	サーバやファイアウォール等のアクセスログ，情報処理施設や設備の監視活動結果等を記録し，定められた期間保存しているか．
	40	ルータまたはファイアウォール等でのフィルタリング設定によって，未使用または不必要なポート・プロトコル・不正なIPアドレスによる接続を排除しているか．
	41	外部公開サーバ上のファイル格納エリアのアクセス権が制限されているか．
	42	情報システムに対する遠隔地からのアクセスを許可する場合，適切な利用者認証 (ハードウェアトークン，チャレンジ-レスポンス，コールバック等) を行っているか．
開発および保守	43	情報システムを新規導入あるいは変更する際，セキュリティ上の要求事項を明確にしているか．
	44	情報システムの変更を適切に管理 (管理者による承認や確認の実施，変更の記録等) しているか．
	45	アプリケーションシステムの入出力データの妥当性を確認するための機能 (入力値の範囲や属性のチェック，合計値チェック等) を整備しているか．
	46	プログラムを消失，破壊，改ざん等から保護するために，ソースライブラリへのアクセス制御措置 (管理者の特定，運用システムとの分離，アクセス権の設定等) を講じているか．
法規への準拠	47	知的財産権に関わる法的制限事項等を遵守するための手順を整備しているか．
	48	個人情報保護に関わる法的制限事項等を遵守するための手順を整備しているか．
	49	保存が法的に義務づけられている記録等の重要な情報について，消失，破壊，改ざん等から保護するための措置 (保管方法の指定，保管の記録，定期的な読み出し確認等) を講じているか．
	50	組織の経営者・管理者は，組織内のすべての範囲において情報セキュリティポリシーおよび関連する対策基準や手順書等が遵守されていることを定期的に確認しているか．

の在り方，教育・訓練，採用や外部委託の場合の対策などが問われる．

物理的・環境的対策の項では，コンピュータ機器を設置するフロアの入退館管理や災害対策，コンピュータ機器の保守管理が問われる．

そして，最も確認すべき項目が多いのが「通信および運用管理」である．手順書などの規定類の準備から始まり，情報システムの監視，バックアップ，メールの利用法，情報廃棄ルール，ウイルス対策などネットワークおよび情報システム的な対策に関して問われる．

その先につながるのが「アクセス制御」である。企業内に存在する情報のアクセス制限に関する確認項目がある。ネットワーク的なアクセス制御や情報に関するアクセス制御，パスワード管理などもこのアクセス制御の中で問われる。

最後に「システム開発および保守」,「法規への準拠」となる。

一般に正確性を高めるため複数の関係者による回答を集計して総合的な判断を加えていく。上記の 200 項目の回答を分析することによって現状のセキュリティレベルが明らかになる。

(b) アセスメント結果の分析　　表 5.2 にアセスメント評価の配点目安を示してある。この表に従ってアセスメントの結果を採点することによって，大まかに組織のセキュリティに対する弱点や対策上の課題，問題を明らかにすることができる。さらにこの結果を基にレーダチャートを作成することをお勧めする。7 分類の大項目,「ポリシー」,「組織・人」,「物理的・環境的対策」,「通信および運用管理」,「アクセス制御」,「開発および保守」,「法規への準拠」に関してチャート上にプロットすることによって視覚的に問題・課題を確認できるとともに，状況を共通認識できる利点がある。また，対策にあたって専門家からのアドバイスを受ける際も要求を明確にできるなど活用の範囲は広い。

表 5.2　アセスメントの評価

	配点	状況
全体評価	80 以上	情報セキュリティに関する取り組みが全体的に実施されており情報セキュリティインシデントが発生しにくい環境が構築されています。しかし情報セキュリティは日々変化していきますのでこれに対応すべき環境を保つための取り組みを継続して下さい。
	60 以上 80 未満	情報セキュリティに関する取り組みがおおむね実施されています。しかしさらに強化する分野もあり，なおいっそうの取り組みの強化が必要です。
	30 以上 60 未満	情報セキュリティに関する取り組みが部分的に構築されています。また対策が必要な分野に対して未対策の部分が見受けれます。いっそうの強化が必要です。
	30 未満	情報セキュリティに関する取り組みが十分行われていません。情報セキュリティインシデントが発生した場合，経営問題やシステムの停止など大きな問題に発展する可能性があります。早急にセキュリティ対策について取り組みを始めて下さい。

表 5.2　（つづき）

	配点	状況
ポリシー	80 以上	情報セキュリティの方針はおおむね定まっていると推定されます。今後も定期的にポリシーの見直しを行うことでセキュリティ確保できる体制を維持することが大切です。
	60 以上 80 未満	一部情報資産の分類・リスクの特定ができていないように思われます。どの資産がどのセキュリティレベルを必要とするか，再度検討することでセキュリティの向上を図るよう努めて下さい。
	30 以上 60 未満	情報セキュリティに関する会社の方針が定められていないようです。各部門ごとでまちまちの規定はあるように推定できますので，全社統一の情報管理規定を認知させることが重要です。
	30 未満	情報セキュリティに関する会社の方針が定められていないようです。まず，ポリシーを策定することで情報資産に対する定義づけを行う必要があります。その上でポリシーを定期的に見直すことでセキュリティを確保していくような対策を図ることが重要です。
組織・人	80 以上	組織・人からの情報セキュリティインシデントが発生しにくい環境が構築されています。インシデントの大部分は，利用者のうっかりミス，規則を知らなかったといった，ヒューマンエラーが起因しています。モラル意識の向上など今後も取り組みを継続して下さい。
	60 以上 80 未満	規則はおおむね決められているようですが，運用部分に大きな課題があると推定されます。情報セキュリティは運用がよし悪しで大きな差が出ます。運用の強化が課題と考えられます。
	30 以上 60 未満	規則運用について，どちらも中途半端な傾向があります。このままでは取り組み事態意味のないことになりかねません。軌道修正を行い，情報セキュリティを強化して下さい。
	30 未満	対策が，ほとんどされていません。情報セキュリティインシデントは，大部分がヒューマンエラーです。これを機に対策を始めて下さい。
物理的・環境的対策	80 以上	物理的・環境的対策についての対策について大きな問題はありません。
	60 以上 80 未満	物理的・環境的対策についての対策について大きな問題はありません。ただ強化する分野はありますので検討して下さい。
	30 以上 60 未満	物理的・環境的対策についてある程度の対策はされてますが，不十分です。さらなる対策を検討実施して下さい。
	30 未満	物理的・環境的対策についてほとんど行われていません。対策を早急に検討実施して下さい。
通信および運用管理	80 以上	通信および運用管理に大きな問題はありません。今後もセキュリティ動向に注意し継続的に改善を重ねて行くことが大切です。
	60 以上 80 未満	通信および運用管理に大きな問題はありません。しかし，一部不備な点がありますので，早急に対策を打つ必要があります。
	30 以上 60 未満	通信および運用管理はなされていますが，不十分といえます。早急に改善策の検討と実施をすることが必要です。
	30 未満	通信および運用管理がほとんど行われていません。セキュリティ問題の多くは通信と運用管理の領域から発生しますので，早急に対策を行って下さい。

表 5.2 （つづき）

	配点	状況
アクセス制御	80 以上	アクセス制御に関して，大きな問題はありません。ファイル環境，システム環境は変化が激しいため，つねにアクセス制御の管理を継続していくことが大切です。
	60 以上 80 未満	アクセス制御に関して，管理そのものはなされていますが，一部のファイルまたは一部のアクセス者の管理に不備があります。アクセス制御の見直しプロセスに課題があると推測します。
	30 以上 60 未満	アクセス制御はなされていますが，不十分であり大切な情報が漏洩する可能性があります。早急にアクセス制御の対策を打つ必要があります。
	30 未満	アクセス制御がほとんど行われていません。管理ルールの策定から開始する必要があります。早急にアクセス制御の対策を検討し実施して下さい。
開発および保守	80 以上	開発および保守に関し，重大な問題はありません。継続して管理して下さい。
	60 以上 80 未満	開発および保守に関し，重大な問題はありませんが，一部のシステム，一部のルールに不備が認められます。対策を打つ必要があります。
	30 以上 60 未満	開発および保守への対策が不十分です。情報システムは一度構築してしまうとセキュリティ問題に気づかないことが多いですので，システムの棚卸しを実施することが必要です。
	30 未満	開発および保守に関して，対策がほとんど行われていません。早急に対策を検討する必要があります。
法規等への準拠	80 以上	法規等への準拠に関し，大きな問題はありません。法規の改定などに注意し継続的に管理を実施して下さい。
	60 以上 80 未満	法規等への準拠に関し，大きな問題はありませんが，一部改善を要する部分があります。改善を検討して下さい。
	30 以上 60 未満	法規等への準拠に改善が必要な部分があります。著作権侵害，情報漏洩などの重大問題につながる恐れがありますので，早急に対策を打って下さい。
	30 未満	法規等への準拠に対する対策がほとんど打たれていません。早急に対策を打つ必要があります。

5.2 まとめ

1章から5章まで，組織(企業・団体)におけるセキュリティ対策に関してその守るべき資産の明確化からシステム的な対策，マネジメントから見た対策について述べてきた。セキュリティ対策と一言でいってもその対策は多岐にわたり，ITのツールや技術だけでは守りきれないことは理解できたと思う。

セキュリティ対策で行うべきことをもう一度整理してみる。

まず，行うべきことは守るべきもの(情報資産)を明らかにすることである。この際，リファレンスを用いて漏れや重複がないように心がける。そして脅威とリスクを明らかにし，被害額を想定することによって，守るべきものの優先順位づけを行っておく。

対策には，ITのツールや技術といったシステム的に講ずるものと，ポリシー策定や教育・徹底といったマネジメントによるものがあり，たがいの関連を取りながら対策を一つ一つ構築していく。

その際，自組織のセキュリティレベルを客観的に把握するためにアセスメントを行い，現状どこに問題があるのか，課題を明らかにしておく。

セキュリティ対策の構築に際しては，守るべき資産の優先度とアセスメント結果から，想定される被害の種類と損害の大きさを参考に，なににどれだけ投資するのかを明らかにする。

そして，運用に入ったならば，継続的にマネジメントを徹底し，新たな不備がないか，利用状況に問題はないか，利用者のモラルは大丈夫かなどについてモニタリングを実施し，問題があればつぎの対策に結びつける。

こうしたP-D-C-Aを組織的に運営していくことでセキュリティのレベルを一定基準に保つことが可能となる。

100%安全な状態を構築することは不可能であるが，少なくともセキュリティ対策を組織的に運営していくことでゼロに近づけることは可能である。

6 インターネットバンキングサービス

　本章では，セキュリティ関連の技術や対策が実際にどのように活用されているのか，その一例を示すために読者の身近な例としてインターネットバンキングサービスを取り上げ紹介する。金融機関がどのようにインターネットバンキングに代表される非対面のサービスに取り組んだのか，また，その実現のために安全対策をどう講じているのか，加えて，関連する事項としてインターネット上で利用される決済サービスについてその概要を紹介する。

6.1　非対面での金融機関サービスについて

　金融機関は1971年からオンラインCD(自動支払機)の設置を開始。また，1975年にはオンラインATM(自動預払い機)の設置も開始。取引内容も出金・入金・通帳記入から振込・振替等へとサービス内容も拡大され，現状では，ほとんどの銀行取引がATMで可能となった。いまでは，ATMは金融機関にとってなくてはならないものとなっている。

　また，ここ数年コンビニ等にもATMは設置されており，金融機関顧客にはたいへん便利なサービスとなっている。よく利用されるサービスには，サービス内容もさることながら，利用しやすいといった観点も必要であり，ATMでの利用に際して，ATMに金融機関から送られてきたキャッシュカードを挿入し，口座開設時に登録した暗証番号を入力するだけでサービスが可能な点は本サービスが定着した主要な理由ではないだろうか。

　ただ，昨今はカード偽造，暗証番号の不正入手等による預金の不正引出しも

社会問題化しつつあり，金融機関サイドも，偽造の困難なICカードの発行や，本人確認方法として指紋認証，静脈認証等の生体認証等を導入する動きも出てきている。そもそも，金融機関預金の引出し時の本人確認は，預金通帳＋届出印鑑に加え，ATMの出現に伴い，キャッシュカード＋暗証番号が新たに加わり，今度は，犯罪対策として新たな手法が出てきつつある状況である。今後は取引時の本人認証についても新たな手法が定着する可能性もある。

6.2 インターネットバンキング/モバイルバンキングの普及

平成14年度情報通信白書によれば，平成13年12月のわが国におけるインターネット利用者は5 593万人，人口普及率は44%，世帯普及率は65%。また，携帯電話によりインターネット利用者も平成14年3月では5 193万人に達しており，パソコン，携帯電話によるインターネット利用は急速に普及した。

参考 UFJ銀行のインターネットへの取り組み例

(2002年1月以前は三和銀行での実績を記載)

・お客様向けサービスの展開

1996年 4月 ホームページによる情報提供開始

1997年 6月 テレホンバンキング開始

1998年 2月 インターネットバンキング(IB)開始

1999年 2月 モバイルバンキング(iモード)開始

2000年 3月 インターネットバンキング2000開始

　　　　 5月 Web受付サービス(ネット完結型住所変更・口座振替)開始

　　　　 7月 Web契約サービス(ネット完結型カードローン)

2001年 4月 U-LINEWeb(インターネット版EB)開始

2002年 1月 UFJダイレクト(合併に伴い商品統合)

・行内向けサービスの展開

1998年10月 行内LANからのインターネットメール利用開始(一部の役付

職員のみ利用可)

2000年4月　インターネットメールを全行員に開放
　　　　5月　行内LANからのWeb参照利用開始

そもそも，大半の金融機関がインターネットバンキングに先立ち，テレホンバンキングサービスを実施しており(97年ごろ)，この時期から金融機関は，家に居ながらにして銀行取引ができるという利便性の高いサービスを提供している。その延長線でパソコンの普及に合わせインターネットバンキングを，NTTドコモのiモードサービスの開始に合わせモバイルバンキングサービスを提供し，いまでは金融機関によっては，テレホンバンキング，インターネットバンキング，モバイルバンキングをワンパッケージ化し『ダイレクト』サービスとして提供している(**表6.1**)。

表6.1　UFJダイレクトの主要なサービス内容

UFJダイレクト / おもなサービス内容	テレホンバンキング	インターネットバンキング	モバイルバンキング
残高照会	●	●	●
入出金明細照会	●	●	●
振込・振替	●	●	●
定期預金の口座開設・取引	●	●	
投資信託の口座開設・取引	▲		
外貨預金の口座開設・取引	●	●	▲
カードローンの申し込み・契約		●	
住宅ローンの申し込み		●	
住所変更	●	●	

『ダイレクト』サービスは，金融機関サイドにとっても窓口混雑緩和，窓口担当者の効率的な配置が実現できるメリットがあるサービスであり，各金融機関の積極的な販売促進により，いまでは大手行の『ダイレクト』サービス契約者数は数百万人規模に達しており，金融機関におけるデリバリーチャネルの一

つとして定着しつつあると考えられる。

6.3 安全対策について

　非常に便利なサービスではあるが，店舗での対面取引ではあり得なかった新たな業務リスクもあり，各金融機関はそれぞれのリスクに対してさまざまな安全対策を講じている。

・本人確認

　インターネットバンキング・モバイルバンキングとも，本人確認方法として，契約者 ID，暗証番号を入力。振込・振替などの場合には第二暗証番号 (契約後の送付したユーザカード等に記載された乱数の指定位置の番号) を入力する方式を採用している金融機関が多い。

　また，モバイルバンキングでは，契約者 ID の代わりに携帯電話 ID を使用している金融機関 (UFJ 銀行の場合) もある。本方式の場合，顧客が携帯電話にて金融機関のページにアクセスすると，端末番号が自動的に送信され，金融機関側で端末 ID にて顧客特定が可能であり，顧客の利便性は非常に高いものとなっている。

・盗聴対策

　顧客が金融機関のサーバにアクセスする場合には，SSL(ウェブブラウザとウェブサーバとの間でデータを暗号化して通信するためのプロトコル) を利用している金融機関が大半である。しかし，2 000 年以前には，金融機関がそれぞれ独自の CD-ROM を送付し，顧客がパソコンにインストールし金融機関のサーバにアクセスする方式である SECE(SET に準拠したプロトコル) を利用した方式が主流であった。

　SSL 方式導入により顧客の操作性が大幅に向上し，インターネットバンキングの増加数も急激に増加した。

・不正アクセス

　インターネットでの不正アクセスには機能の異なる複数のファイアウォール

(パケットフィルタリング,アプリケーションゲートウェイ等)を設置し,通信プロトコルとしてHTTPに限定して常時監視も行っている。

・通信障害

インターネットはしばしば通信が遮断される可能性のある不安定なネットワークであるため,通信障害時の対策として,各種取引後に取引確認画面を表示する等の対策を講じている。例えば振込依頼時には,振込明細を入力後に入力内容確認画面を表示し,確認ボタンをクリックする取引フローになっており,その確認画面が表示されない場合には取引は完了しない運用をしている。

そもそも,インターネットバンキングがテレホンバンキングと一体の商品になっているのは,インターネット環境での取引が障害等によりできない場合に,テレホンバンキングに取引を誘導するのが一つの目的である。

・取引集中

インターネットバンキングは月末に近くなるに従いトランザクションが増加する傾向にあるが,対策として,毎月のトレンドを分析し,今後のトランザクション予想を作成しその見込みトランザクションに十分対応できるようにシステム処理能力を検証している。また,日々常時監視を行い,急激なトランザクションの増加に対しては取引制限を実施するなどの対応を実施している。

6.4 インターネットにおける決済サービスについて

インターネットの普及に従い,ネットショッピング市場はここ数年で急激に拡大しており,それに伴いネット上での支払いサービスも多種多様なサービスが提供されるようになった。サービスごとに一長一短はあるが,支払いのタイミングによって,(1)前払い(2)即時払い(3)後払い,に分類される。それぞれ代表的なサービスとして以下のサービスがある。

(1) 前払い方式

プリペイドカード,電子マネー(ワレット型),電子マネー(ICカード型)

(2) 即時払い方式

インターネットデビット，振込連動モデル，マルチペイメントネットワーク (MPN)

(3) 後払い方式

口座振替サービス，クレジットカード，プロバイダ決済，回収代行サービス

おのおのの決済方式は以下のような特徴を有している。

(1) 前払い方式

・プリペイドカード

コンビニエンスストアなどでプリペイドカードを購入し，カードに記載されている ID，パスワードにより，プリペイド事業者側で管理されているバリューを利用可能にする方式。少額決済でも利用できるが，プリペイド事業者に支払う手数料が 10 ％程度から 15 ％程度とかなり割高になっている。

おもな事業者 (ブランド) として，BitCash，WebMoney，@QUO などが存在する。

・電子マネー (ワレット型)

利用者のパソコンにワレットと呼ばれるソフトウェアをインストールして，利用者側でバリューの残高を管理する方式。現在はあまり普及していない。

おもな事業者 (ブランド) は，NET-U 等が存在する。

・電子マネー (IC カード型)

IC カードにバリューをチャージして利用する方式。実際の店舗でも，オンライン (インターネット上) でも利用可能なブランドもある。オンラインで利用する場合には，利用者側の端末に IC カード用の装置とソフトウェアが必要になる。数年前に一時電子マネーブームとなったが，最近新たに Edy!(非接触式 IC カード・ソニー)，SafetyPass(接触式 IC カード・NTT コミュニケーションズ) という製品が出てきており，普及の兆しを見せている。将来的には携帯電話でも IC カードによるバリューチャージができるようになる可能性もある。また，銀行のキャッシュカードが IC カード化された場合，オフラインデビット

方式と呼ばれる電子マネーに近い方式が採用される可能性もある。

主な事業者(ブランド)として，Mendex, Edy!, SafetyPass が存在する。

(2) 即時払い方式

・インターネットデビット

加盟店と金融機関間のネットワーク (CAFIS, JCN) を利用して即時決済を実現する方式。利用者，加盟店，金融機関のそれぞれに電子証明書を用いた暗号化を行う SET 方式を採用するインターデビットと，SSL 方式を採用するネットデビットがある。

おもな事業者(ブランド)として，インターデビット(みずほ銀行，郵貯)，ネットデビット(UFJ 銀行，三井住友銀行) などが存在する。

・振込連動モデル

インターネットバンキングの振込機能を利用して，加盟店の口座に代金の振込みを行う方式。口座振込であるが，決済情報が自動的に入力されるため，利用者は加盟店の口座番号等を入力する手間が省けるという利点がある。

主な事業者(ブランド)として，ネット振込 EDI(UFJ 銀行)，スーパーデビット(みずほ銀行)，ウェブ振込サービス(三井住友銀行)，e ペイメント(東京三菱銀行) などが存在する。

・マルチペイメントネットワーク

収納企業と金融機関との間をネットワークで結ぶことにより，利用者は ATM，電話，パソコン等の各種チャネルを利用して公共料金等の支払いができるサービス。都市銀行のほか，ほとんどすべての金融機関が採用する見通し。行政手数料支払いのための決済手段として採用されている。

Pay-easy(日本マルチペイメントネットワーク推進協議会) が推進しており，4 種のサービスを用意している。収納サービス，口座振替受付サービス，請求情報通知サービス，口座振替データ伝送サービスである。

(3) 後払い方式

・口座振替サービス

各金融機関と事前に口座振替契約があれば，幅広い金融機関の口座から資金

回収が可能なサービス。口座振替サービスは，引落し依頼をする銀行すべてに個別に引落しデータを送信する必要があるが，収納代行サービスを利用すれば，収納代行業者に引落しデータを渡すことで各銀行とのやり取りを一括して実施できる。

収納代行サービスは信販会社やリース会社などが実施している。

・クレジットカード

インターネット上での決済手段として最も普及している方法。クレジット会社と直接ネットワークで接続するためには，加盟店側にもそれなりの対応が必要になるため，インターネットバンキングプロバイダがクレジット会社との情報を代行する方式もある。

・プロバイダ決済

加盟店とクレジットカード会社との接続をインターネットサービスプロバイダ(ISP)が代行する方式。利用者はあらかじめクレジットカードの情報をISPに登録しておき，モール等でショッピングした際に，クレジットカードによる決済が必要になると，加盟店に代わってISPが処理を代行する。複数のISPによるプロバイダ決済をまとめるサービス(事業者)もある。

おもな事業者(ブランド)として，Smash(So-net)，iRegi (@nifty)などが存在する。

・回収代行サービス

情報提供者の料金回収を通信事業者が代行して行う方式。利用者は情報提供，コンテンツダウンロード等の利用料を月々の通信料に上乗せして支払う。携帯電話での画像等のダウンロードで利用されることが多い。

主な事業者(ブランド)として，携帯電話(NTTDoCoMo, AU)，カルレ(NTTコミュニケーションズ)などが存在する。

ただし，インターネットでの利用実態となると大半が，クレジットカードによるものである。そのおもな理由は以下と思われる(図**6.1**)。

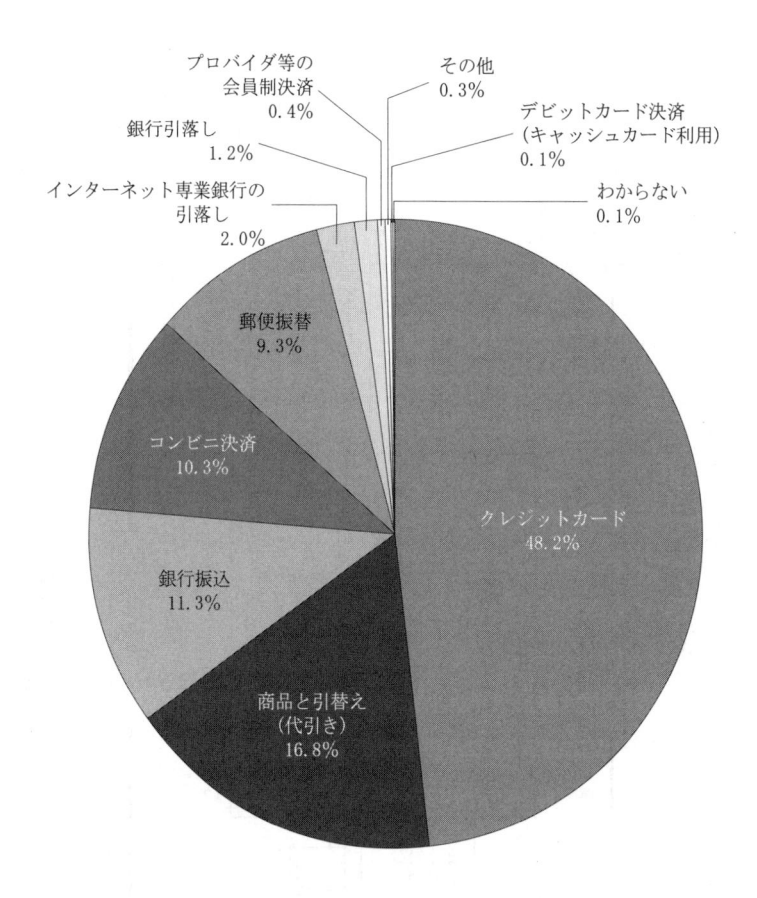

6.4 インターネットにおける決済サービスについて

図 *6.1* オンラインショッピングで最もよく利用する決済手段

利用者メリット

- クレジットカードが十分普及していること。
- 事前の手続きが不要。
- 使い勝手がよい。
- 後払いであり，リボ払いも可能であること。
- 購入物の破損等の保証があること。

図 6.2 3D の関係図

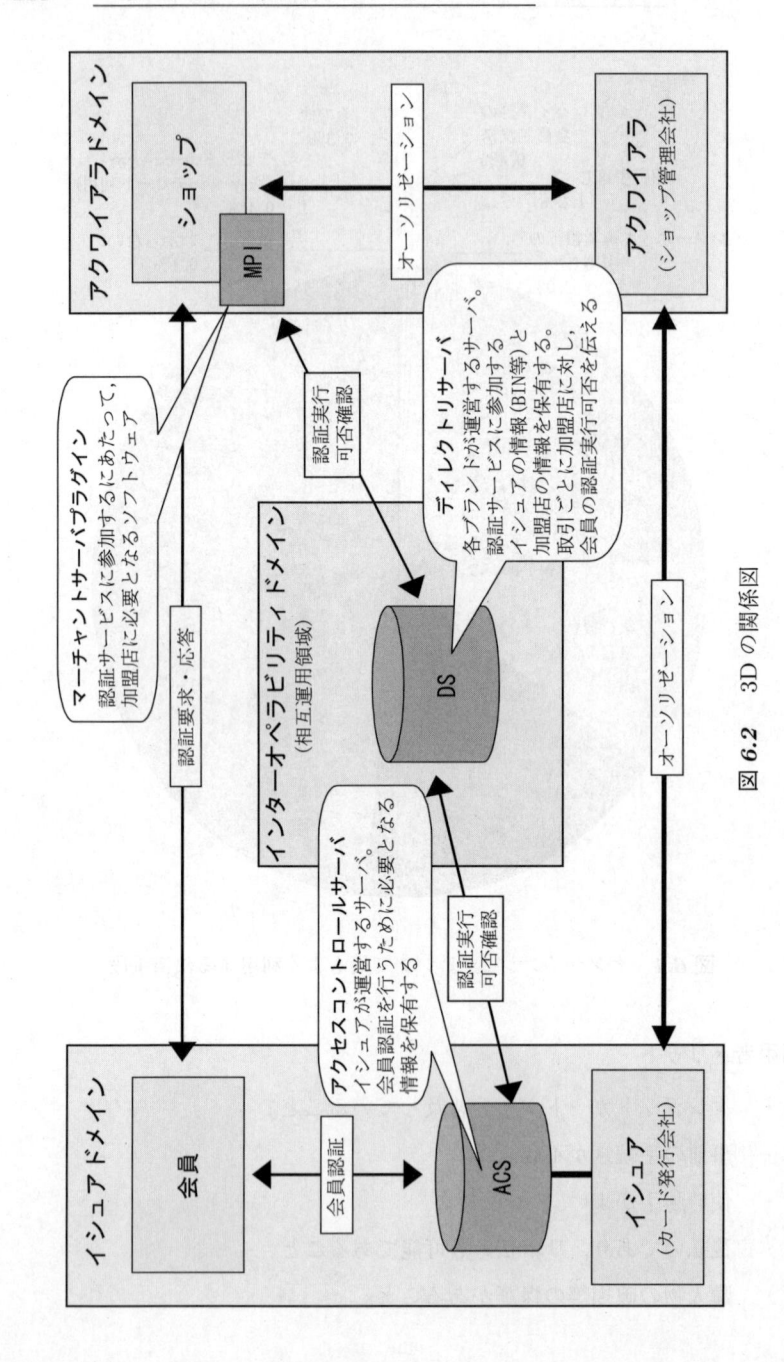

加盟店メリット

- 加盟店にとって集金が安全確実に可能であること
- 加盟店にとって収納時の事務負担が軽減できること

ただ，このクレジットカードも昨今は米国を中心に電子商取引の分野で第三者不正利用が急増しており社会問題に発展している。米国では，2002年クレジットカード悪用のうち EC 分が 47%を占めている (2003年1月 celent 社調べ)。第三者による"成り済まし"に加え，"本人によるしらばくれ"も横行している。このような環境下，VISA インターナショナルを中心に，クレジット業界標準認証スキーム 3-DSecureTM が開発されている (図 **6.2**)。

本スキームはアクワイアラドメイン・イシュアドメイン・インターオペラビリティドメインの三つのドメイン (領域) で構成されることから，ThreeDomainSecure(=3-DSecure) と呼ばれる。会員とカード会社間で直接本人認証が実施されるのが特徴である (ショップには認証結果のみ通知)。

7 公開鍵暗号方式

現代情報化社会において，さまざまな機器が端末としてインターネットに接続されるようになり，情報セキュリティ技術の必要性はますます高まってきている．特に電子認証の需要は多く，それを可能とする公開鍵暗号技術は必要不可欠である．現在，最も広く使われている公開鍵暗号方式は，RSA（Rivest Shamir Adleman）暗号方式であるが，十分な安全性を確保するための鍵長は2 000bit に達する勢いである．昨今の携帯電話，IC カードの普及を鑑みると，このように計算リソースの限られた端末に RSA 暗号を実装することは効率的ではない．このようなことから，RSA 暗号に比べ 1/10 程度の鍵長で同等な安全性を確保できる楕円曲線暗号方式が，次世代の公開鍵暗号方式として注目され，その実装研究が盛んに行われている．以下では，まず RSA 暗号を用いて公開鍵暗号の仕組みについて解説する．つぎに RSA 暗号と比較しながら楕円曲線暗号の暗号化/復号の仕組みについて紹介し，最後にこれら公開鍵暗号応用の現状を紹介する．

7.1 RSA暗号方式

現在，最も広く用いられている公開鍵暗号方式は Rivest, Shamir, Adleman が提案した RSA 暗号方式である．本章ではまず，RSA 暗号を理解する上で必要となる数学的準備として，整数に関係するいくつかの性質を復習する．続いて RSA 暗号の基本的な暗号化/復号アルゴリズムを紹介し，最後に RSA 暗号を実現する上で必要となる大きな素数の生成法（素数判定法），および RSA

暗号が安全であることを保証する上で鍵となる素因数分解の困難性について，それぞれの現状を紹介する。

7.1.1　数学的準備

整数と剰余算の関係を示し，ユークリッドの互除法，RSA 暗号実装の土台となる既約剰余系と呼ばれる代数系について，それぞれ紹介する。また，RSA 暗号の理解に有用となる整数に関する性質もいくつか紹介する。ここでは，整数の集合をつぎのように Z で表す。

$$Z = \{\cdots, -n, \cdots, -2, -1, 0, 1, 2, \cdots, n, \cdots\} \qquad (7.1)$$

(a) 剰余をとる　　任意の二つの整数に対して，加算，減算，および乗算の結果は必ず整数として与えられるが，除算に対しては，その結果は必ずしも整数で与えられるとは限らない。そこで，除算に対して二つの整数を対応づけることを考えれば，つぎのような性質が成立する。

性質 1　　任意の整数 a および任意の正整数 b に対し，次式を満たす整数 q, r の組が一意に存在する。ここで q を **商**（quotient），r を **剰余**（residue）と呼ぶ。

$$a = bq + r, \ \ 0 \leq r \leq b - 1 \qquad (7.2)$$

特に $r = 0$ の場合，b は a を割り切るといい，一般に $b \mid a$ のように表記し，割り切らない場合には $b \nmid a$ のように表記する。a, b の **最大公約数**（greatest common divisor）を $\gcd(a, b)$ のように表せば，つぎの性質 2 が得られる。

性質 2　　性質 1 の a, b, r に対して，$\gcd(a, b) = \gcd(b, r)$ である。

$b \mid a$ ならば $\gcd(a, b) = b$ である。$\gcd(a, b) = 1$ の場合，すなわち a と b が 1 より大きい共通の約数を持たない場合には，a と b はたがいに **素** であるという。性質 2 は，二つの大きな整数の最大公約数を高速に求める場合に用いることができ，この計算法は一般にユークリッドの互除法と呼ばれる。

(b) ユークリッドの互除法　　任意の正整数 a,b の最大公約数を，性質 1，性質 2 を用いてつぎのように求める．

$$a = bq_1 + r_1 \qquad \rightarrow \qquad \gcd(a,b) = \gcd(b,r_1)$$
$$b = r_1 q_2 + r_2 \qquad \rightarrow \qquad \gcd(b,r_1) = \gcd(r_1,r_2)$$
$$r_1 = r_2 q_3 + r_3 \qquad \rightarrow \qquad \gcd(r_1,r_2) = \gcd(r_2,r_3)$$
$$\vdots$$
$$r_{N-3} = r_{N-2} q_{N-1} + r_{N-1} \qquad \rightarrow \qquad \gcd(r_{N-3}, r_{N-2})$$
$$= \gcd(r_{N-2}, r_{N-1})$$
$$r_{N-2} = r_{N-1} q_N \qquad \rightarrow \qquad \gcd(r_{N-2}, r_{N-1}) = r_{N-1}$$

すなわち，$b > r_1 > r_2 > \cdots > r_{N-1} > r_N = 0$ となることから，剰余をとる操作を繰り返すことにより，より小さな整数の操作につぎつぎと置き換えて，二つの整数の最大公約数を求めていることになる．

(c) 合同関係と剰余系　　整数 a, r と正整数 b に対して $b \mid (a-r)$ が成り立つとき，$a \equiv r \pmod{b}$ のように表記し，a は b を法として r と**合同** (congruent) であるという．RSA 暗号においては，この合同関係に基づいた整数による乗算およびべき乗算を用いて暗号化/復号の仕組みを構成する．

完全剰余系，既約剰余系　　整数 $n \geqq 2$ に対し，n で割った剰余が等しい整数の集合，すなわち $\mod n$ に関して合同である整数からなる集合 $\{i\}$ をつぎのように考え，これらを n を法とする**剰余類** (residue class) と呼ぶ．

$$\{i\} = \{x | x \equiv i \pmod{n}, \, x \in Z\} \qquad (7.3)$$

$\{i\}$ に含まれる最小の非負整数を代表させて $\{i\}$ を表すこととすれば，n を法とする場合の剰余類はつぎの n 個で与えられる．

$$\{\{0\}, \{1\}, \{2\}, \cdots, \{n-1\}\} \qquad (7.4)$$

以降では，これを簡単に Z_n としてつぎのように表記することとし

$$Z_n = \{0, 1, 2, \cdots, n-1\} \tag{7.5}$$

Z_n を n を法とする**完全剰余系**と呼ぶ．この完全剰余系 Z_n に対し，n とたがいに素な剰余類の集合を**既約剰余系**と呼ぶ．例えば $n=15$ として，その既約剰余系を単に~を付して $\tilde{Z}_{15}$ のように表記すれば，つぎのようになる．

$$Z_{15} = \{0, 1, 2, 3, 4, 5, 6, 7, 8, 9, 10, 11, 12, 13, 14\} \tag{7.6}$$

$$\tilde{Z}_{15} = \{1, 2, 4, 7, 8, 11, 13, 14\} \tag{7.7}$$

集合に含まれる要素は**元**（element）と呼ばれるが，既約剰余系の元の総数は**オイラー関数**（Euler function）で与えられる．ここでオイラー関数を $\phi(\cdot)$ とすれば，ある正整数 n がつぎのような形に素因数分解されるとき

$$n = p_1^{e_1} p_2^{e_2} \cdots p_s^{e_s} \quad (\ 1 \leqq i \leqq s\ \text{として}, p_i\text{は素数}, e_i > 0\ ) \tag{7.8}$$

n のオイラー関数による値 $\phi(n)$ は次式で与えられる．

$$\phi(n) = n \left(1 - \frac{1}{p_1}\right)\left(1 - \frac{1}{p_2}\right) \cdots \left(1 - \frac{1}{p_s}\right) \tag{7.9}$$

7.1.2　RSA暗号

ある合成数 n を法とする既約剰余系 $\tilde{Z}_n$ において，元 $a \in \tilde{Z}_n$ のべき乗計算 a^i が示す巡回性について，オイラーの定理を用いて説明をする．この巡回性とRSA暗号との関係を踏まえながら，RSA暗号における暗号化/復号の計算処理について説明する．

(a) 既約剰余系とオイラーの定理　　RSA暗号の理解を簡単にするために，以下にオイラーの定理を紹介する．

定理1　　二つの正整数 a, n がたがいに素であるとき，すなわち $\gcd(a,n) = 1$ が成り立つとき，オイラー関数 $\phi(\cdot)$ を用いて次式が成り立つ．

$$a^{\phi(n)} \equiv 1 \pmod{n} \tag{7.10}$$

このオイラーの定理が示すところは，$\gcd(a, n) = 1$ ならば，すなわち既約

剰余系 $\tilde{Z}_n$ が元として a を含むならば，n を法とする元 a のべき乗によって巡回する元の集合を生成していると考えることができるということである．

$$\{a, a^2, a^3, \cdots, a^{\phi(n)-1}, a^{\phi(n)}\}, \quad a^{\phi(n)} \equiv 1 \pmod{n} \tag{7.11}$$

ただし，集合 (7.11) に含まれる元すべてがたがいに相異なるとは限らないこと，すなわち集合 (7.11) が $\tilde{Z}_n$ に一致するとは限らないことに注意されたい．この巡回する元の集合のイメージを図**7.1** に示す．

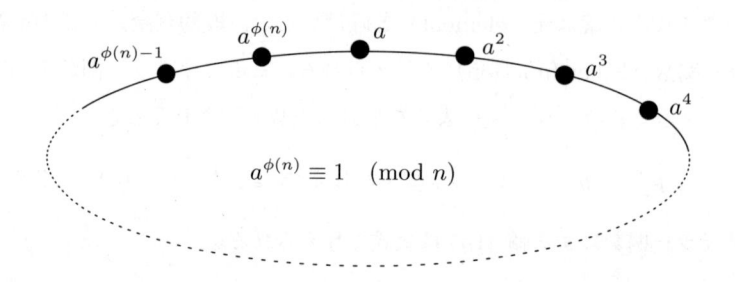

図 **7.1** 既約剰余系 $\tilde{Z}_n$ における元 a のべき乗の巡回するイメージ

(b) 暗号化/復号の仕組み RSA 暗号では，法 n を二つの素数 p, q の積として与え，定理 1 の関係式 (7.10) を次式のようにして用いる．この関係式は，図**7.1** からも理解できる．

$$a^{i\phi(n)+1} \equiv a \pmod{n}, \quad i : \text{正整数} \tag{7.12}$$

例えば，$p = 13, q = 19, n = p \times q = 247$ とすれば次式が成り立つ．

$$\phi(n) = 247 \left(1 - \frac{1}{13}\right)\left(1 - \frac{1}{19}\right) = 216 \tag{7.13}$$

既約剰余系 $\tilde{Z}_{247}$ の任意の元 a を送りたい情報と考えて，式 (7.12) において $i = 1$ として式 (7.14) が成り立つ．RSA 暗号では，式 (7.14) の 7 乗と 31 乗の部分を分けて利用して，式 (7.15) のように a を 7 乗して b を得る操作を暗号化とし，さらに b を 31 乗して再び a を得る操作を復号としている．

$$a^{217} = (a^7)^{31} \equiv a \pmod{247} \tag{7.14}$$

$$b \equiv a^7 \pmod{247} \quad \rightarrow \quad a \equiv b^{31} \pmod{247} \tag{7.15}$$

図**7.1**でRSA暗号の仕組みを考えると，aを起点としてべき乗することにより図の円を時計回りに途中まで進む操作が暗号化であり，反時計回りするのではなく，さらに時計回りに進んでaに戻す操作が復号である．より厳密に暗号化/復号の計算処理を示すために，RSA暗号に特有のつぎの性質を紹介する．

性質 3 二つの素数p, qに対し，$p-1$と$q-1$の**最小公倍数**（least common multiple）を$\mathrm{lcm}(p-1, q-1)$とすれば，法を$n = pq$として次式が成り立つ．

$$a^{\mathrm{lcm}(p-1, q-1)} \equiv 1 \pmod{n} \tag{7.16}$$

そして，二つの素数p, qを用いて以下の関係が成り立つ正整数e, dを用いて

$$ed \equiv 1 \pmod{\mathrm{lcm}(p-1, q-1)} \tag{7.17}$$

以下のような計算処理により，整数$M \in \tilde{Z}_n, n = pq$の暗号化/復号を行う．

RSA暗号化 $C \equiv M^e \pmod{n}$

RSA復号 $M \equiv C^d \pmod{n}$

eが**暗号化鍵**（encryption key），dが**復号鍵**（decryption key），Cが**暗号文**（cipher text）である．eおよびnはインターネット上などに公開されることから**公開鍵**（public key）と呼ばれ，これに対してdは公開せず秘密に保持することから**秘密鍵**（private key）と呼ばれる．なお，このような関係を満たす正整数eおよびdは，例えば$\mathrm{lcm}(p-1, q-1)$とたがいに素な正整数eを決め，拡張ユークリッドの互除法を用いて対応する正整数dを求めればよい．以上のように，RSA暗号は他の公開鍵暗号方式と比べて原理が理解しやすく，RSA暗号を用いたさまざまなアプリケーションが提案されている[12]．

暗号化/復号ステップ RSA暗号による暗号化/復号を図**7.2**を用いて説明する．AliceがBobにメッセージMを暗号化して送ることを考えると，つぎのようなステップを踏むこととなる．

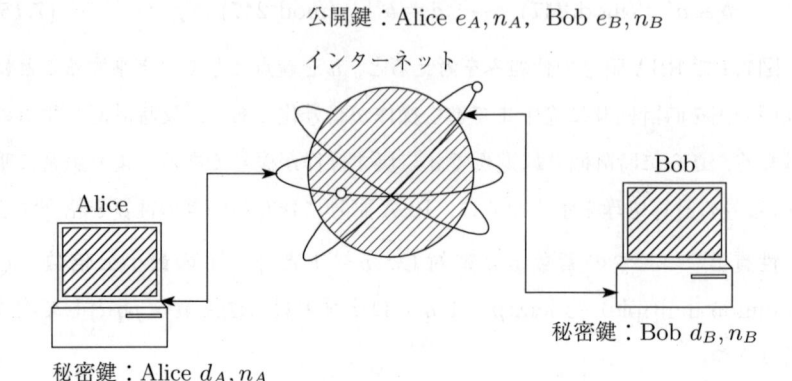

公開鍵：Alice e_A, n_A，Bob e_B, n_B

秘密鍵：Bob d_B, n_B

秘密鍵：Alice d_A, n_A

図 **7.2**　RSA 暗号による公開鍵暗号方式のイメージ

1. Alice は Bob の公開鍵 e_B, n_B を取得する．
2. Alice は e_B, n_B を用いて，RSA 暗号化により M を暗号化する．
3. Alice は暗号文 C を Bob に送信する．
4. Bob は秘密鍵 d_B および n_B を用いて，RSA 復号により暗号文 C から M を復号する．

なお，RSA 暗号を用いた電子署名については 8.2.2 項を参照されたい．

7.1.3　RSA 暗号の安全性の根拠

本節では，安全性を確保するための RSA 暗号のパラメータの設定に関係して，大きな素数の生成（素数判定法），および大きな合成数に対する素因数分解のアルゴリズムについてそれぞれの現状を紹介しながら，RSA 暗号の安全性の根拠や署名の正当性について考えてみる．

(a) 安全性の根拠　　図**7.1**を用いた RSA 暗号の暗号化/復号の操作からわかるように，その安全性を確保するためには，大まかに以下の二つの条件を満たすことが必要となる．

・　公開鍵 e, n から秘密鍵 d が簡単にはわからないこと
・　メッセージ M を，図において，RSA 暗号化により時計回りに巡回させて

7.1 RSA暗号方式

暗号化した C から，反時計回りさせて M を復号できないこと

これら条件は以下の二つの数学的問題が困難であることにより実現される。

- RSA暗号化に対し，べき指数 e を求める離散対数問題。
- 法 $n = pq$ から二つの素数 p および q を求める素因数分解問題。

RSA暗号の安全性は厳密には証明されていないものの，これら二つの問題を事実上（例えば高性能な計算機を用いたとしても）解くことができない問題とするために，RSA暗号方式ではつぎのようなパラメータ設定をしている。

RSA暗号の安全を保証するパラメータ設定（2004年現在）

- p, q がともに512ビット以上で，$n = pq$ が1024ビット以上である。
- $p \pm 1$ および $q \pm 1$ がそれぞれ大きな素因数を含む。
- 十分大きな公開鍵 e および秘密鍵 d を選ぶ。
- 各ユーザごとに異なる法 n を設定する。

RSA暗号への攻撃に関する研究報告もいくつかあり[12]，RSA暗号の安全を確保するための条件は上記のみではない。現在，最も広く用いられている公開鍵暗号方式はRSA暗号方式ではあるが，上述のように安全の確保のために法 n が1024ビット以上でなければならないなど，その実装規模は指数関数的に増加しており，携帯電話，ICカードなど計算リソースの限られた端末への効率的な実装（implementation）は困難になりつつある。

(b) 素数判定法と素因数分解法 安全なRSA暗号を構築するためには，非常に大きな素数を準備しなければならない。さらに，法 n が素因数分解されてはならない。ここでは，素数を生成するための素数判定（primality test）および素因数分解の現状を紹介する。

素数判定法 素数判定法には，大まかに確率的素数判定法と確定的素数判定法とがある。前者は，その条件判定を繰り返すほどに入力が素数であることの確からしさが増していくものであり，それゆえに確率的といわれ，フェルマー法，ミラー・ラビン法などが知られている[13]。一方，後者の確定的素数判定法とは，その判定により入力が素数であるか否かが決定的に判別されるものであり，これまで多くの研究成果が報告されてきたが，最近の成果のAKS

(Agrawal, Kayal, Saxena) アルゴリズム[14]が決定的多項式時間で素数を判定するものである．これは，これまでに知られている最も高速な確定的素数判定アルゴリズムであるとして注目されている．

素因数分解法 素因数分解法についても種々の方法が提案されているが，特に楕円曲線法，数体ふるい法が有名であり[13]，前者はその合成数に含まれる最大の素因数のサイズにより因数分解にかかる処理時間のオーダが決まり，後者は入力の合成数のサイズにより決まる．RSA暗号の法nを1 024ビット以上にするのは，このようなアルゴリズムに対しての耐性を確保するためであるが，新しいアルゴリズムの開発や既存アルゴリズムの改良なども十分に考えられ，注意が必要である．一方，量子コンピュータを用いた素因数分解アルゴリズムとしてShorのアルゴリズム[15]が知られているが，量子コンピュータ開発の進歩により大きな合成数の入力に対して処理できるようになると，RSA暗号は安全でなくなる．量子コンピュータの今後の進歩にも注意を払わなければならない．

課 題

【1】 RSA暗号において，法である合成数$n = pq$が，二つの素数pおよびqに素因数分解されると解読されてしまう理由を述べよ．

7.2 楕円曲線暗号

楕円曲線暗号とは，楕円曲線上の有理点がなす加群における離散対数問題を解くことの困難さに基づく公開鍵暗号であり，一般に有限体上で定義される暗号方式である．本章では，まず数学的準備として有限体について簡単に復習し，楕円曲線の定義および楕円曲線暗号に必要となるいくつかの性質を紹介する．続いて，楕円曲線暗号（特に楕円ElGamal暗号方式）についてその暗号化/復号の処理を説明し，RSA暗号と比べて楕円曲線暗号のほうが高速実装や

コンパクト実装といった面で優れていることの理由について簡単に述べる。最後に，楕円曲線暗号の安全性について，いくつかの攻撃法を紹介しながら議論し，公開鍵暗号方式としての楕円曲線暗号の位置づけをみる。

7.2.1 数学的準備

ここでは，有限体の理解を容易にするために，まず**群**および**体**と呼ばれる代数系について簡単に復習する。**有限体**とは，加減乗除が定義されている元の総数が有限である代数系のことであり，素数位数のもの（素体）と，素数のべき乗位数のもの（拡大体）とが存在する。ここでは，素体の構成法についてのみ紹介し，拡大体の構成法については文献16)を参照していただきたい。なお，Z_n などいくつかの表記は，7.1節で紹介したものを用いている。

(a) 群 ある元の集合 G および演算 $\circ$ を考え，集合 G の元が演算 $\circ$ に対して以下の条件を満たすとき，代数系 $<G, \circ>$ は**群**（group）と呼ばれる。

群の条件

G1 $a, b \in G$ に対して $a \circ b \in G$ である。（閉性）

G2 $a, b, c \in G$ に対して $(a \circ b) \circ c = a \circ (b \circ c)$ である。（結合則）

G3 $\forall a \in G$ に対して $a \circ u = u \circ a = a$ なる元 $u \in G$ が存在する。（単位元）

G4 $\forall a \in G$ に対して $a \circ x = x \circ a = u$ なる元 $x \in G$ が存在する。（逆元）

さらにつぎの条件を満たすとき，**可換群**（Abelian group）と呼ばれる。

AG5 $a, b \in G$ に対して $a \circ b = b \circ a$ である。（可換則）

G1，**G2** のみ満たすときは**半群**（semigroup），**G1**，**G2** および **G3** を満たすときは**単位的半群**（monoid）と呼ばれる。例えば，整数 Z に対しつぎのような群を考えることができる。

性質4 $<Z, +>$ は可換群をなし，$<Z, \cdot>$ は可換な単位的半群をなす。

ここで，演算記号 $+$ は加算を，$\cdot$ は乗算を表す。また，群の性質として以下

のものがある。

- **単位元**（unity）はただ一つしかない。（単位元の一意性）
- 任意の元に対して，その**逆元**（inverse）が一意に定まる。（逆元の一意性）

体においては，元の集合に対して二つの演算を備えた代数系を考えることとなる。この二つの演算を表す記号として，加法的な演算を意味する + および乗法的な演算を意味する · を用いることとする。

群の位数，元の位数　以降では簡単のために，乗法的な群 $<G,\cdot>$ を用いて説明する。$<G,\cdot>$ に含まれる元の総数を $|G|$ で表し，**群の位数**と呼ぶ。そして，位数が無限である群を**無限群**（infinite group），有限位数の群を**有限群**（finite group）と呼ぶ。そして，例えば群 $<G,\cdot>$ が有限群の場合，任意元 a に対してつぎの関係を満たす正整数 i および j が存在する。

$$a^i = a^j, \quad 0 < i < j \tag{7.18}$$

ここで，a^i は a を i 回掛け合わせることを意味する。式 (7.18) を式変形すれば，$<G,\cdot>$ の単位元を単に 1 で表して次式が成り立つ。

$$a^{j-i} = 1 \tag{7.19}$$

このように，この場合には演算 · を繰り返し，その結果が単位元となる最小の正整数，言い換えれば $a^k = 1$ を満たす最小の正整数 k を元 a の**位数**と呼ぶ。

(b) 体　ある元の集合 F および二つの演算 $+,\cdot$ を考え，集合 F の元が演算 $+,\cdot$ について以下の条件を満たすとき，代数系 $<F,+,\cdot>$ は**体**（field）と呼ばれる。

体の条件

F1　$<F,+>$ が可換群をなす。

F2　$<F^*,\cdot>$ が群をなす。ここで F^* は，集合 F から + に関する単位元 0 を除いた集合を意味している。

F3　$a,b,c \in F$ に対して次式が成り立つ。（分配則）

$$a \cdot (b+c) = a \cdot b + a \cdot c, \quad (a+b) \cdot c = a \cdot c + b \cdot c \tag{7.20}$$

例えば実数の集合を R, 複素数の集合を C として, $<R,+,\cdot>$, $<C,+,\cdot>$ は体をなし, それぞれ実数体, 複素数体と呼ばれる. そして, 位数が有限である体を**有限体** (finite field) と呼ぶ. 8 章で述べる楕円曲線暗号で特に大切となる有限体としてつぎのものがある.

性質 5　　$<Z_p,+,\cdot>$ は, p が素数 (prime number) のとき体をなす.

性質 5 の $<Z_p,+,\cdot>$ において, 非零元 $a\in Z_p$ の乗算・に関する逆元 a^{-1} は, **拡張ユークリッドの互除法** (extended Euclidian algorithm, **EEA**) [12] などを用いて求めるのが一般的である. 例えば, $\gcd(a,b)=1$ なる二つの正整数 a,b に対して次式を満たす整数 X,Y が存在し, 拡張ユークリッドの互除法を用いることにより, これら X,Y を求めることができる.

$$aX + bY = 1 \tag{7.21}$$

ここで b を素数 p とすれば次式が成り立ち, a を $<Z_p,+,\cdot>$ のある非零元と考えれば, X が a の逆元として求まることとなる.

$$aX \equiv 1 \pmod{p} \tag{7.22}$$

(c) 有限体　　有限体の位数は, 素数あるいは素数のべき乗となることが知られており [16], 素数位数の有限体のことを, **素体** (prime field) と呼ぶ. p をある素数として, 位数 p の有限体はすべて同型であり一意に決まる. すなわち, 位数が同じであれば性質 5 で紹介した $<Z_p,+,\cdot>$ と同型である. 以降では, 簡単のために素数位数 p の素体を F_p のように表す.

素体の構成　　素体 F_p における計算は, 元として $0,1,2,\cdots,p-2,p-1$ を考え, 次式のように $\bmod p$ を用いて定義される加算 + および乗算・により構成することができる.

$$i+j = (\,i+j \bmod p\,), \quad i\cdot j = (\,i\cdot j \bmod p\,) \tag{7.23}$$

元 $a\in F_p$ の加算 + に関する逆元 $-a$ は $p-a$ で与えられ, a を非零元として乗算・に関する逆元 a^{-1} は拡張ユークリッドの互除法などを用いて求めることとなる. また, F_p^* の任意元の乗算・に関する位数はつぎのようになる.

性質 6　　F_p^* の任意元の乗算・に関する位数は $p-1$ を割り切る。

この性質は，オイラーの定理より確認でき，非零元 a の逆元 a^{-1} をつぎの関係式を用いて，7.2.6項に示す高速指数計算法により求めることもできる。

$$a^{-1} = a^{p-2}, \quad a \in F_p^*, \quad p \neq 2 \tag{7.24}$$

以降で単に逆元という場合には，乗算・に関する逆元を意味するものとする。また，詳しく取り扱わなかったが，素数のべき乗位数の有限体（拡大体）は，その素数を p として F_{p^m} のように表す。このとき，素体 F_p および拡大体 F_{p^m} を与える素数 p のことを，一般に**標数**（characteristic）と呼ぶ。拡大体と呼ばれることのゆえんは，拡大体 F_{p^m} が素体 F_p を部分体として含み，素体上の m 次元ベクトル空間として理解できるからである。

7.2.2　楕円曲線

ここでは，楕円曲線の定義を示し，楕円曲線上の点（有理点）がなす加群について説明する。併せて，楕円曲線暗号を構成する際に必要となるいくつかの基本的な性質を紹介する。なお以降では，特に標数 p が3より大きい有限体を用いた楕円曲線暗号について取り扱う。

(a) 曲線の定義式，定義体，有理点　　本章で取り扱う楕円曲線暗号に用いる楕円曲線は次式のように定義される。

$$E(x,y) = y^2 - x^3 - ax - b = 0, \quad a, b \in F \tag{7.25}$$

上式を楕円曲線の**定義式**（defining equation），有限体 F のことを**定義体**（definition field）と呼ぶ。以下では，この定義体として標数 p が3より大きい有限体，特に素体 F_p を取り扱う。定義式 (7.25) を満たす座標 $x, y \in F$ の組を曲線上の**有理点**（rational point）と呼ぶ。なお，以降で紹介する**無限遠点**（infinite point）と呼ばれる点も，有理点の一つである。無限遠点を $\mathcal{O}$ で表すこととし，F 上で定義されている楕円曲線の定義式 $E(x,y)$ 上の有理点の集合を $E(F)$，その有理点の総数を $\#E(F)$ で表す。

有理点の求め方　　楕円曲線上の有理点を求めるには，まず $x = x_1$ のよう

にランダムに x 座標を決め, $y^2 = -E(x_1, 0)$ を満たす y を求めればよい. そのためには, $-E(x_1, 0)$ が定義体 F において平方根を持つか否かを判別して, 平方根を持つならば, その平方根を $\pm\sqrt{-E(x_1, 0)}$ として, 以下の二つの点が有理点として求まることとなる.

$$\left(x_1, \sqrt{-E(x_1, 0)}\right), \quad \left(x_1, -\sqrt{-E(x_1, 0)}\right) \tag{7.26}$$

$E(x_1, 0) = 0$ の場合には, 一つの有理点 $(x_1, 0)$ として求まる. なお, 平方根の計算方法については, 7.2.6項を参照していただきたい.

(b) 楕円加算, 有理点がなす加群　　曲線上の有理点 $P(x_1, y_1)$ と有理点 $Q(x_2, y_2)$ の加算 $P + Q = R(x_3, y_3)$ を次式のように定義する.

$$x_3 = \lambda^2 - x_1 - x_2, \quad y_3 = (x_1 - x_3)\lambda - y_1 \tag{7.27}$$

$$\lambda = \begin{cases} \dfrac{y_2 - y_1}{x_2 - x_1} & P \neq Q, \quad x_2 \neq x_1 \\[2ex] \dfrac{3x_1^2 + a}{2y_1} & P = Q \end{cases} \tag{7.28}$$

この加算のイメージを示したものが図**7.3**である.

2点 P および Q を通る直線 (1) を引き, 直線 (1) と曲線が交わる点 R' から y 軸に平行な直線 (2) を引き, 直線 (2) と曲線との交点 R が 2 点 P, Q の加算結果となる. $P = Q$ の場合は, 曲線の点 P における接線を引き, 同様の操作を行う. 無限遠点 $\mathcal{O}$ は, この加算に関して単位元の役割をし, $P + \mathcal{O} = \mathcal{O} + P = P$ である. $P \neq Q$ かつ $x_2 = x_1$ の場合は, 図の P と $-P$ の関係となり, y 座標のみが異なる 2 点となる. この 2 点は, たがいに逆元の関係にあり, $P + (-P) = \mathcal{O}$ となる. 有理点どうしの加算 $+$ に対し, $P \neq Q$ の場合を**楕円加算** (elliptic curve addition) と呼び, $P = Q$ の場合を**楕円2倍算** (elliptic curve doubling) と呼ぶ. この加算 $+$ に対して有理点の集合 $E(F)$ は加群をなす. 楕円曲線暗号は, この有理点のなす加群における**離散対数問題** (elliptic curve discrete logarithm problem, **ECDLP**) を解くことの難しさに安全の根拠を置く [17]).

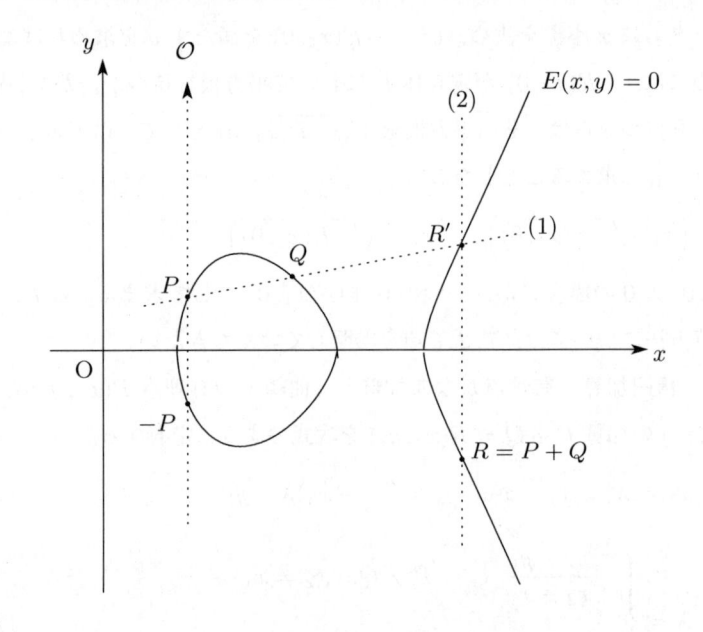

図 **7.3** 有理点どうしの加算のイメージ

特異，非特異楕円曲線　楕円曲線暗号では，特異楕円曲線と呼ばれる種類の曲線を定義式として用いることができない。これは，曲線上に**特異点**（singular point）と呼ばれる点が存在し，その特異点上では楕円2倍算を定義できないためである。特異点の詳細については触れないが，特異楕円曲線とはつぎの条件を満たす曲線である。

定義 1　有限体 F を定義体とする楕円曲線 $E(x,y) = y^2 - x^3 - ax - b, a, b \in F$ に対し，$4a^3 + 27b^2$ が零のとき，これを**特異楕円曲線**（singular elliptic curve）と呼び，非零のとき，**非特異楕円曲線**（non-singular elliptic curve）と呼ぶ。

(c) 楕円曲線の位数　曲線上の有理点の総数 $\#E(F)$ を楕円曲線の位数という。有限体 F を定義体とする場合には，Hasse の定理 [17]　により位数 $\#E(F)$ は次式の範囲にある。

$$|F|+1-2\sqrt{|F|} \leq \#E(F) \leq |F|+1+2\sqrt{|F|} \tag{7.29}$$

ここで，曲線の位数と定義体の位数により与えられる値 $t=|F|+1-\#E(F)$ を楕円曲線の**トレース** (trace) と呼び，上式をつぎのように書くこともできる．

$$t=|F|+1-\#E(F), \quad -2\sqrt{|F|} \leq t \leq 2\sqrt{|F|} \tag{7.30}$$

特に定義体 F が素体の場合には，この範囲のすべての位数の楕円曲線が存在する．続いて，式 (7.30) で与えられるトレースを用い，超特異と呼ばれる種類の曲線がつぎのように定義される．

定義 2 標数 p の有限体 F を定義体とする楕円曲線に対し，式 (7.30) で与えられるトレース t が，$p \mid t$ のように標数 p により割り切れるとき，その曲線は**超特異楕円曲線** (super singular elliptic curve) と呼ばれる．

後述するが，超特異楕円曲線を用いて楕円曲線暗号を構成する場合は，これに対する有効な攻撃法が適用できてしまう可能性があるため注意が必要である．それら攻撃法に対する安全性判定において，楕円曲線の位数を計算することは重要となる．位数の小さい有限体を定義体とする場合は，総当り的に有理点を数えて求めることもできるが，暗号に用いる程度（位数が 160 ビット以上）の楕円曲線ともなると総当り的な求め方は現実的ではない．そこで，効率のよい楕円曲線の位数計算アルゴリズムがいくつか提案されており，Schoof アルゴリズム，それを改良した SEA (Schoof Elkies Atkin) アルゴリズム，最近では佐藤-FGH アルゴリズムが注目されている [18],[19]．

7.2.3 楕円曲線暗号

ここでは，楕円 ElGamal 暗号方式の暗号化/復号処理について説明する．

(a) 楕円曲線暗号が用いる巡回群 楕円曲線暗号では，有理点がなす加群 $E(F)$ における巡回群を用いて暗号化/復号の仕組みを構成する．曲線上のある有理点 P を用いて，つぎのような巡回群を考える．ここで，加群 $E(F)$ における有理点 P の位数を e_P とすれば

$$\{P, 2P, 3P, \cdots, e_P P\}, \quad e_P \mid \#E(F), \quad e_P P = \mathcal{O} \tag{7.31}$$

であり，有理点 P を生成元とするこの巡回群において，ある正整数 k を用いて $Q = kP$ なる有理点 Q を考えれば，P から Q を計算することは容易に行えるが，P および Q の座標情報から k を求めることは困難である．これを楕円曲線上の離散対数問題（ECDLP）と呼び，計算機を駆使しても解くことが難しいことを保証するために，その巡回群の位数は 160 ビット以上の大きさでなければならない[17]．

(b) 楕円 ElGamal 暗号方式 楕円 ElGamal 暗号方式では，楕円曲線 $E(F)$ の $Q = dP$ を満たす有理点 $P, Q \in E(F)$ および正整数 d を用いて，つぎに示すような計算手順によりメッセージ M の暗号化/復号を行う．

ECC 暗号化 乱数 k を発生し，$C_1 = M + kQ$ および $C_2 = kP$ を計算する．

ECC 復号 秘密鍵 d を用いて，$M = C_1 - dC_2$ により M を復号する．

ここで P, Q が公開鍵，d が秘密鍵である．メッセージ M は，曲線上の有理点として与えており，$M \in E(F)$ でなければならない．例えば，単に整数 m を暗号化する場合には，これを x 座標として考え，$M(m, \sqrt{-E(m,0)})$ という有理点としてメッセージ M を準備すればよい．

暗号化/復号ステップ 楕円 ElGamal 暗号による暗号化/復号を図 **7.4** を用いて説明する．Alice が Bob にメッセージ M を暗号化して送ることを考えると，つぎのようなステップを踏むこととなる．

1. Alice は Bob の公開鍵 P_B, Q_B を取得する．
2. Alice は P_B, Q_B を用いて，ECC 暗号化により M を暗号化する．
3. Alice は暗号文 C_1 および C_2 の組を Bob に送信する．
4. Bob は秘密鍵 d_B を用いて，ECC 復号により暗号文 C_1 および C_2 の組から M を復号する．

楕円曲線暗号による電子署名 楕円曲線暗号における電子署名も，8.2.2 項で説明してあるように，DSA 署名として構成可能である．

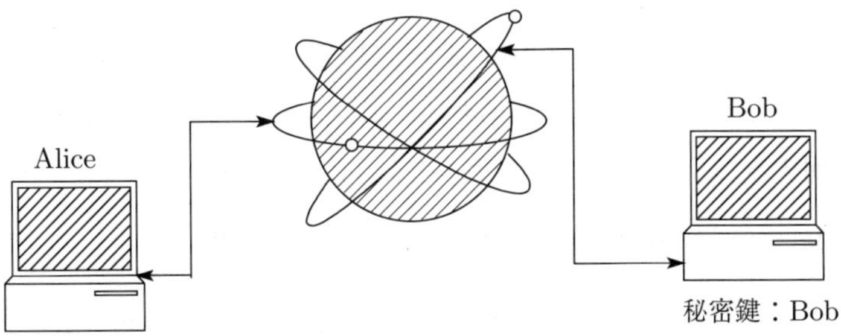

公開鍵：Alice P_A, Q_A, Bob P_B, Q_B

インターネット

Alice

Bob

秘密鍵：Alice d_A

秘密鍵：Bob d_B

図 **7.4** 楕円 ElGamal 暗号による公開鍵暗号方式のイメージ

(c) スカラー倍算の高速化手法　楕円曲線暗号では，ECC 暗号化，ECC 復号に見られるように，暗号化/復号の際にスカラー倍算を必要とする。ここでは，その高速化手法を紹介する。

バイナリー法　$k = 55$ の場合を用いてバイナリー法を説明する。55 を 2 進数展開するとつぎのようになる。

$$55 = (110111)_2 \tag{7.32}$$

すなわち，55 倍の有理点 $55P$ は次式のように表すことができ，楕円加算および楕円 2 倍算を効率よく組合わせてスカラー倍点が計算できる。

$$55P = (110111)_2 P = 2(2(2(2^2(2P+P)+P)+P)+P)+P \tag{7.33}$$

Non-adjacent form 法　Non-adjacent form 法は，有理点 P の逆元 $-P$ を効果的に用いることによりバイナリー法を改良した手法である。2 進展開は $\{0,1\}$ を用いて式 (7.32) のように与えられるが，$\{-1,0,1\}$ を用いて符号付 2 進展開すれば，先の例のスカラーである $k = 55$ は，式 (7.34) のように考えることもできる。ここで，$\bar{1} = -1$ とする。

$$55 = (100\bar{1}00\bar{1})_2 \tag{7.34}$$

したがって，55 倍の有理点 $55P$ は以下のように計算できる。

$$55P = (100\bar{1}00\bar{1})_2 P = 2^3(2^3P - P) - P \tag{7.35}$$

なお，式 (7.34) のような $\{-1, 0, 1\}$ を用いた符号付 2 進表現は，例えばスカラーを k として，$\bar{1}$ を用いて $3k - k$ を計算し，その結果である $2k$ をビットシフトにより $1/2$ 倍することで得られる．このステップを $k = 55$ に対して模式的に説明すると，まず $3k - k$ が次式のように与えられ，

$$3k - k = (10100101)_2 - (110111)_2 = (100\bar{1}00\bar{1}0)_2 \tag{7.36}$$

上式のようにして得られた $2k$ に対する符号付 2 進表現を，以下のようにビットシフトにより $1/2$ 倍することで，$k = 55$ の符号付 2 進表現が得られる．

$$
\begin{array}{ccc}
& \text{ビットシフト} & \\
2k \text{ の符号付 2 進表現} & \Rightarrow & k \text{ の符号付 2 進表現} \\
(100\bar{1}00\bar{1}0)_2 & \Rightarrow & (100\bar{1}00\bar{1})_2
\end{array}
\tag{7.37}
$$

(d) 楕円曲線暗号の有効性 ここでは，暗号の安全を確保するために必要となる鍵長と，暗号化/復号の処理速度を左右する実装（ソフトウェア実装）に関して，RSA 暗号と楕円曲線暗号とを比較し，その両面において楕円曲線暗号のほうが優れていることを示す．

暗号化に必要となる計算の構成と鍵長の関係 RSA 暗号の暗号化が 7.1.2 項で述べたように整数のべき乗剰余計算を行うのに対して，楕円曲線暗号では式 (7.27) および式 (7.28) を用いて有理点の加算を複数回行う．したがって，それぞれの計算の単位となるのは，計算するのに必要となる整数の剰余算は無視するものとして，RSA 暗号は整数の乗算 1 回，楕円曲線暗号は有理点の加算 1 回である．簡単のために，楕円曲線の定義体が素体 F_p であるものとし，それぞれ 1 回に要する素体 F_p 上での加，減，乗算の回数は**表 7.1** のようになる．RSA 暗号の法 n および楕円曲線暗号の定義体の標数 p のビット数が等しいものとすれば，楕円曲線暗号の暗号化は RSA 暗号のそれに比べて数倍の計算コストが必要である．これに加えて，楕円曲線上の有理点がなす加群における離散対数問題に対しては，有限体における離散対数問題に対する解

表 *7.1* RSA暗号における整数乗算1回と楕円加算，2倍算1回の演算回数比較

unit：回

	加算	減算	乗算	逆元計算
RSA暗号	0	0	1	0
楕円曲線暗号（楕円加算）*	0	6	3	1
楕円曲線暗号（楕円2倍算）*	4	4	4	1

* 1回の楕円加算，2倍算に要する素体上での演算回数である。

法である指数計算法（index calculus）が直接的には適用できない[12]。このようなことから，楕円曲線暗号の鍵長は，同程度の安全性をもつRSA暗号に比べて短くて済む。今後の鍵長の増加についても，RSA暗号の鍵長が指数関数的に年々増加していくのに対して，楕円曲線暗号はそのようなことはなく，緩やかかつ線形な増加で済むとされている。

高速実装　楕円曲線暗号は，RSA暗号に比べて鍵長が短くて済むため，その高速実装，コンパクトな実装に関して優れており，RSA暗号に代わる公開鍵暗号方式として注目されている。楕円曲線暗号の高速実装に関しては数多くの研究報告がなされており，その高速化手法は，スカラー倍算の高速実装および定義体である有限体の高速実装に大きく分類できる。前者に関しては，7.2.3項に紹介したスカラー倍算の高速化手法や，Frobenius 写像を用いた高速化手法[20] などがある。後者の有限体の高速実装に関しては多くの研究報告がなされているが，拡大体を定義体とする場合に関しては Optimal Extension Field[21]，Optimal Normal Basis を用いる手法[22] などがよく知られている。このようなことから，ICカードや携帯電話といった計算リソースの限られた端末への楕円曲線暗号の実装が試みられている。

7.2.4　楕円曲線暗号の安全性

楕円曲線暗号では，曲線上の有理点がなす加群における離散対数問題を解くことの困難さに安全性の根拠を置いている。しかし楕円曲線暗号には，暗号に用いた場合には容易に解読ができてしまうような危険な曲線が存在し，暗号を

構成する上でそのような危険な曲線を採用することは避けなければならない。本節では，このような曲線について述べる。

楕円曲線暗号に対する攻撃法と危険な曲線

離散対数問題に関する安全性 楕円曲線暗号に用いる曲線は，楕円曲線上の離散対数問題を十分に難しい問題とするために，その曲線の位数を 160 ビット以上としなければならないとされる。言い換えれば，鍵長は少なくとも 160 ビット以上が必要であり，楕円曲線の位数はその程度の大きさの素因数を含まなければならない。160 ビット以上の素因数を要求する理由は，曲線の位数が小さな素因数の積で表される場合に有効な攻撃法となる Pohlig-Hellman-Silverman 法 [12] に対する安全性を保証するためである。RSA 暗号が 1 024 ビット以上の鍵長を必要としていることを考慮すれば，楕円曲線暗号の鍵長はその 1/7 程度で同等な安全性を確保できることとなる。

アノマラス楕円曲線 素体 F_p を定義体とする楕円曲線の位数 $\#E(F_p)$ が，定義体の標数 p と一致する，すなわち $\#E(F_p) = p$ のとき，この曲線をアノマラス楕円曲線（anomalous elliptic curve）と呼ぶ。そして，この曲線に対する有効な攻撃法が知られており [17]，それを用いれば，楕円曲線 $E(F_p)$ における離散対数問題を，素体 F_p の加算における離散対数問題に写像することができる。すなわち，解くことがより簡単な問題に写像されてしまうため，このように位数 $\#E(F_p) = p$ となるような曲線は暗号には用いない。

MOV(Menezes Okamoto Vanstone)/FR(Frey Ruck) 還元法

MOV 還元法では，Weil 対（Weil pairing）を用いて，超特異楕円曲線上の離散対数問題を有限体の乗算における離散対数問題に写像する。一方，FR 還元法では，Tate 対（Tate pairing）を用いて，超特異楕円曲線およびトレースが 2 の楕円曲線上の離散対数問題を有限体の乗算における離散対数問題に写像する。いずれの場合も，有限体の乗算における離散対数問題という解くことがより簡単な問題に写像することによる攻撃法である [17]。このようなことから，超特異楕円曲線を暗号に用いる場合には注意が必要となる（図 **7.5**）。

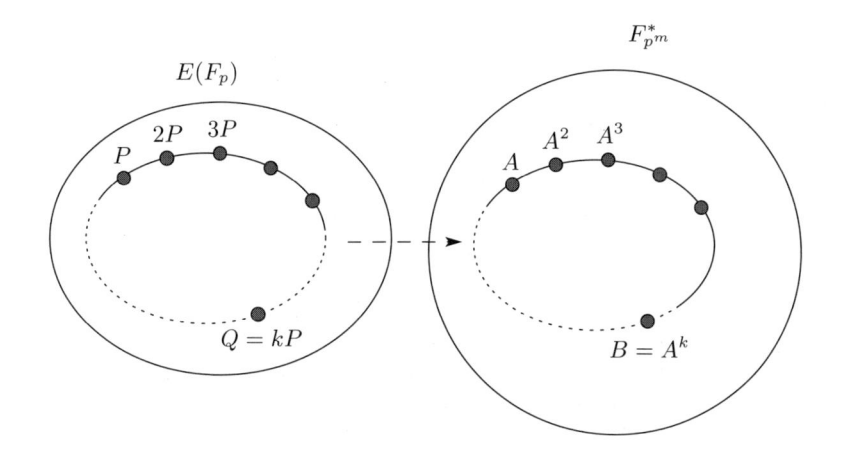

図 **7.5** MOV 還元法，FR 還元法による攻撃のイメージ

　以上のように楕円曲線暗号には，いくつかの有力な攻撃法が存在するため，それらの攻撃条件にあてはまらない楕円曲線を用いて暗号を構成する必要がある．RSA 暗号と比べて優れている点も多い楕円曲線暗号ではあるが，楕円曲線の選択には十分な注意が必要である．

7.2.5　公開鍵暗号方式としての楕円曲線暗号

　ここでは，公開鍵暗号の具体的な応用分野，用途について紹介し，現時点での公開鍵暗号としての楕円曲線の位置づけを見る．

　(a) 楕円曲線暗号の応用分野　楕円曲線暗号に限らず，秘密鍵／公開鍵暗号を用いたソフトウェア／ハードウェア応用分野について整理してみると**表 7.2**のようなものがある．これらの応用分野において用いられている秘密鍵暗号方式，公開鍵暗号方式，ハッシュ関数などには**表 7.3**に示すようなものがある．なお，この表には，一般によく用いられている代表的な暗号方式およびハッシュ関数を挙げており，特に秘密鍵暗号については，この他にも多くの方式が用いられている．

　(b) IC カードへの暗号実装　磁気カードには，その磁気データ部分をス

表 7.2 秘密鍵/公開鍵暗号を用いたソフトウェア/ハードウェア応用分野

分　野	応　用　例
暗号化	電子メール暗号化，ファイルの暗号化，通信データの暗号化，IC カードや USB を利用した暗号化製品 JAVA/C 言語用の暗号ライブラリ
ネットワーク	ファイアウォール兼 VPN（virtual private network）装置，SSL/SSH（secure socket layer/secure shell）関連製品，無線通信のデータ暗号
電子認証	電子証明書，電子認証局，ユーザ/パスワード認証，PDF への電子署名
その他	IC カード，電子政府，電子商取引，電子入札

表 7.3 利用されている秘密鍵暗号方式，公開鍵暗号方式，ハッシュ関数

	方式の名称/略称
秘密鍵暗号	DES/トリプル DES，AES*
公開鍵暗号	RSA 暗号，楕円曲線暗号，ElGamal 暗号
ハッシュ関数	SHA-1, MD5

*AES とは advanced encryption standard の略であり，より詳しくは Rijndael と呼ばれる暗号方式が採用されている．

キミング（skimming）することにより，カード番号やパスワードなどの個人情報が他人に知れてしまうという問題があり，実際にそれによってカードを悪用されてしまったという事例が数多く報告されている．このような問題に対して，暗号機能などを備えた IC をカードに搭載することにより，これら個人情報の安全を確保する IC カードの普及が進んでいる．ここではその暗号機能部分についてのみ最近の動向，仕様の一例を紹介する．

　IC カードに搭載されている計算機能の一例を表 **7.4** に示す．より具体的には，暗号機能部分において，RSA 暗号の場合には 512，1 024，2 048 ビットの鍵長が設定され，楕円曲線暗号の場合には 160，240 ビット程度の鍵長が設定されている．IC 部分による処理の中でも，特に計算処理のかかる暗号機能に関しては，専用のコプロセッサを搭載して処理の高速化を図っているものが多

表 7.4 IC カードに搭載されている計算機の具体例

項　目	仕　様
CPU	16 ビット
クロック周波数	3.5 MHz
ROM	64 KByte
RAM	4 KByte

い．というのは，表に示すような 16 ビット，3.5MHz 程度の計算能力では，鍵長 2 048 ビットクラスの RSA 暗号による暗号化，復号処理には多大な計算を必要とし，リアルタイムでの電子認証などが困難となるためである．一方，楕円曲線暗号を用いる場合には，これまでにも紹介したように，高速かつコンパクトな実装が可能であり，この程度の低い計算能力でも十分に暗号化，復号処理が行えるとの研究報告もある．このようなことから，IC カードや携帯電話など計算リソースの限られた端末への公開鍵暗号実装において，楕円曲線暗号が注目されているのである (表 **7.5**)．

表 7.5 IC カードに搭載されている暗号機能の具体例

項　目	暗　号　機　能
相互認証	DES/トリプル DES，RSA/ECDSA*
データの暗号化	DES/トリプル DES，RSA/ECDSA
ディジタル署名	RSA/ECDSA
署名検証	RSA/ECDSA，ハッシュ関数**

*ECDSA とは，楕円電子認証 (elliptic curve digital signature algorithm) を表す．
** ハッシュ関数には，MD5，SHA-1 などが用いられている．

7.2.6　楕円曲線暗号で使う数学的な道具

(a) 高速指数計算法　　RSA 暗号，楕円曲線暗号など公開鍵暗号の分野においては，繰り返し乗算や加算を行う必要があるものが多い．RSA 暗号ならば RSA 暗号化のようなべき乗算を，楕円曲線暗号ならば ECC 暗号化のような有理点の加算を必要とする．これらを，逐一乗算，あるいは楕円加算して求

めるようでは効率が悪い。

高速指数計算法　例えば有限体 F を定義体とする楕円曲線 $E(F)$ 上の,ある有理点 P を k 回加えて kP を計算することを考える。これを有理点同士の加算により逐一行えば,$k-1$ 回の加算が必要となるが,次式のように考えて計算すれば

$$kP = \sum_{i=0}^{r} k_i \left(2^i P\right), \quad k = (k_0, k_1, \cdots, k_r)_2 \tag{7.38}$$

$$2^{i+1}P = 2^i P + 2^i P \tag{7.39}$$

$r-1$ 回の楕円 2 倍算と,$\mathrm{HW}(k)-1$ 回の楕円加算により kP が求められることとなる。ここで,$(k_0, k_1, \cdots, k_r)_2$ は,スカラー k の 2 進数表現であり,$k_i = 0$ あるいは 1 である。また $\mathrm{HW}(k)$ はその**ハミング重み**(Hamming weight)である。このようにしてスカラー倍の有理点を求める手法を**バイナリー法**(binary method)と呼んでいる。一方 RSA 暗号化にこれを用いれば,次式のように M^e を求めることができる。

$$M^e \equiv \prod_{i=0}^{r} \left(M^{2^i}\right)^{e_i} \pmod{n}, \quad e = (e_0, e_1, \cdots, e_r)_2 \tag{7.40}$$

$$M^{2^{i+1}} \equiv M^{2^i} \cdot M^{2^i} \pmod{n} \tag{7.41}$$

2 進数表現を用いたこのような計算法を**高速指数計算法**と呼んでいる。

(b)　平方根導出　有限体 F の元 A に対し $A = B^2$ を満たす $B \in F$ が存在するとき,B を A の**平方根**(square root)という。また,このような元 A のことを,F において**平方剰余**(quadratic power residue)であるという。平方剰余でない元は**平方非剰余**(quadratic power non residue)であるという。ここでは,簡単のために,$p-1 = 2u$,u は奇数となるような有限体 F_p における平方根の導出について考える。まず,$A \in F_p$ を平方剰余である元とすれば,次式が成り立つ。

$$A^{(p-1)/2} = A^u = 1 \tag{7.42}$$

そして,u が奇数であることに注意して上式を変形すれば,つぎのような関

係式が得られ，この結果，平方剰余元 A の平方根 $\sqrt{A}$ は，左辺のべき乗算を行うことにより求められることとなる。

$$A^{(u+1)/2} = \sqrt{A} \tag{7.43}$$

このように，$p-1 = 2u$，u は奇数となるような有限体 F_p における平方根の導出は簡単に計算できるが，$p-1 = 2^e u$，$e \geqq 2$，u は奇数となる場合は複雑で，一般には，平方根を求めるためのつぎのアルゴリズムを用いることとなる[17]。

平方根導出アルゴリズム

Input: 平方剰余である非零元 $A \in F_p$

Output: 平方根 $\sqrt{A} \in F_p$

Step1: F_p の適当な平方非剰余元 θ を求める。

Step2: $a = \theta^u$，$b = A^{(u-1)/2}$ を計算する．

Step3: $k = 0, 1, \cdots, e-2$ に対して，順次式 (7.44) を計算する。計算結果は $c_k = 1, -1$ となり，それぞれに $j_k = 0, 1$ を対応させる。

$$c_k = \left((a^{t_k} b)^2 \cdot A\right)^{2^{e-2-k}}, \quad t_{k+1} = \sum_{i=0}^{k} 2^i j_i \tag{7.44}$$

ここで，$t_0 = 0$ とする。

Step4: A の平方根 $\sqrt{A} = a^{t_{e-1}} b A$ を計算する。

課　題

【2】 素体 F_{11} を定義体，$E(x, y) = y^2 - x^3 - x - 6$ を定義式として，すべての有理点を求めよ。また，二つの有理点 $P(5, 2)$ および $Q(3, 6)$ に対して，楕円加算 $R = P + Q$ を計算せよ。

【3】 楕円曲線上のスカラー倍算の計算について，バイナリー法よりも Non-adjacent form 法のほうが効率がよい理由を説明せよ。

8 認証とプライバシー保護

　認証とは，情報の正当性を保証する技術である．正当性を示す対象に応じて，ユーザ認証，メッセージ認証などがある．その代表的な技術が**ディジタル署名**であり，ある情報が確かにある特定の人により作成されたものかどうか検証できる．本章では，認証技術について概要を示した後，ディジタル署名について解説する．ユーザ認証が目的の一つである通常のディジタル署名では，署名者が誰かということが明確に検証者に伝わる．一方，署名者が誰かということを伝えずに，あるサービスの登録者であることのみを保証したいという状況も一般によく発生する．このような状況では，ディジタル署名はユーザのプライバシー問題を引き起こし得る．本章では，ネットワークサービスでの認証におけるプライバシー保護の問題を考察した後，グループへの所属を匿名で証明する技術である**グループ署名**についても，そのアプリケーションを交えて解説する．

8.1 認証とは

　認証には，ユーザ認証，メッセージ認証，ディジタル署名，鍵認証，時刻認証などがある．本節では，ユーザ認証とメッセージ認証について紹介し，8.2節でディジタル署名について解説する．

8.1.1 ユーザ認証

ユーザ認証は，通信相手の正当性を検証するための技術である。現在最もよく利用されているユーザ認証法は，暗証番号やパスワードを用いたものである。これらは，認証される個々のユーザにより秘密裏に記憶される必要があり，10文字未満程度の数字列や文字列が利用される。本方法は簡便であるものの，誕生日や電話番号などの推測されやすい情報を用いているケースが多いなどの問題点もある。

物理的な媒体を利用したユーザ認証として，近年 IC カードの利用が増加している。IC カードでは，カード内部の秘密情報を不正に取り出すことが困難である。そして，以降に述べるディジタル署名などの暗号処理を用いた安全な通信を外部と行うことができ，秘密情報の保持を通信相手に安全に (秘密情報を漏洩することなく) 示すことができる。このため，IC カードの所有により，ユーザ認証を可能とする。しかし，カードの紛失や盗難の危険性があり，IC カードの提示者本人の正当性検証のために他のユーザ認証と組み合わせる必要がある。

個人の生体的特徴 (バイオメトリクス) を利用したユーザ認証としては，指紋，虹彩，声紋などを用いた認証が研究・実用化されてきている。

8.1.2 メッセージ認証

メッセージ認証とは，メッセージやデータが改ざんされていないことを確認するための技術である。代表的な技術として MDC(manipulation detection code, modification detection code), MAC(message authentication code), ディジタル署名がある。また，密接に関係した技術として，ハッシュ関数がある。

ハッシュ関数とは，任意長のビット列を 160 ビット程度の短かいビット列に変換する関数のことである。ハッシュ関数 h に対して，$h(x_1) = h(x_2)$ となる x_1, x_2 を見出すのが困難なとき，h を耐衝突ハッシュ関数と呼ぶ ($h(x_1) = h(x_2)$ となる x_1, x_2 をコリジョンと呼ぶ)。以降では，耐衝突ハッシュ関数を単にハッ

シュ関数と表記する．さらにハッシュ関数 h では，任意の x に対して，$y = h(x)$ となる y を求めることも困難である．このような関数 h を**一方向性関数**という．ハッシュ関数としては，アメリカの NIST(National Institute of Standard and Technology) により定められた SHA-1 などが利用されている．

　MDC 法では，改ざんを防止したいメッセージに対して，ハッシュ関数を適用して認証情報 MDC を得る．コリジョンを見つけるのは困難であるため，ある

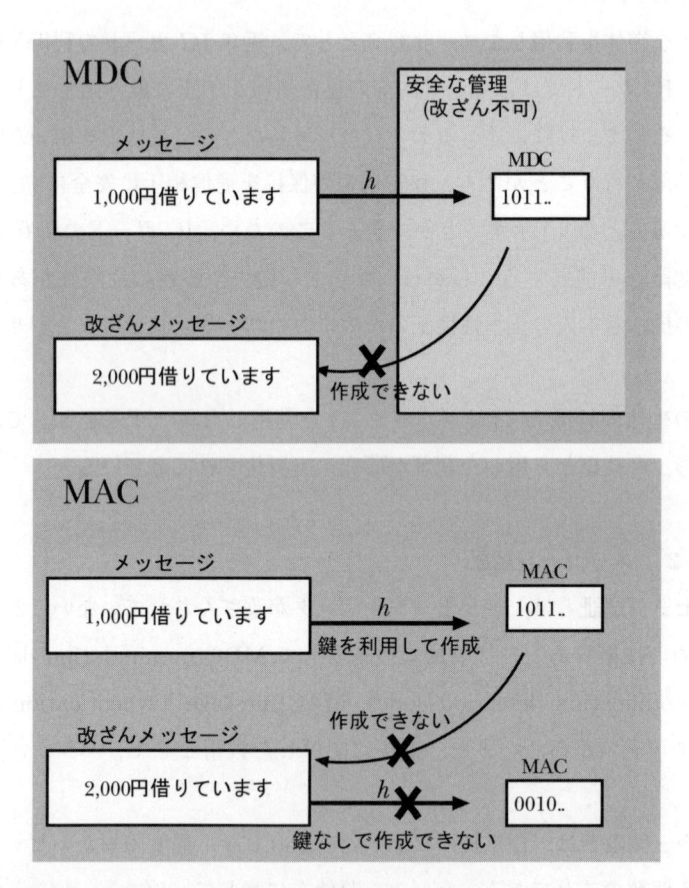

図 8.1　MDC と MAC

MDCから異なるメッセージを作成できない(図**8.1**)。こうして，MDCが安全に管理されており，その正当性が保証される場合，元のメッセージの正当性が保証される。

　MAC法では，認証情報MACの正当性までを保証するために，鍵付きのハッシュ関数を利用してMACを得る。このハッシュ関数では，鍵を知る者しかハッシュ値を計算できない。よって，メッセージとそのMACが与えられても，攻撃者は改ざんしたメッセージに対するハッシュ値を計算できないため，メッセージの改ざんを防止することが可能となる(図**8.1**)。こうしてMAC法では，メッセージとMACを公開できる点がMDC法と異なる。MAC法としては，メッセージをブロック化して秘密鍵暗号を繰り返し適用する方法や，メッセージをハッシュ化して秘密鍵暗号を適用する方法が知られている。秘密鍵暗号を用いた場合，鍵を共有している2者ともがメッセージを改変可能であり，当事者間での紛争を解決することはできない。一方，後述するディジタル署名では，署名の作成者以外の者は改ざんできない。

8.2 ディジタル署名

　ディジタル署名は，ユーザ認証とメッセージ認証を同時に実現するものであり，メッセージの作成者が確かにそのメッセージを作成したことを保証する。こうして，署名や印鑑を電子的に実現することが可能となる。公開鍵暗号技術がよく利用されているが，後述する零知識証明技術を利用しても構成可能である。

8.2.1 ディジタル署名の概要

　ディジタル署名では，公開鍵暗号と同様に，各ユーザは秘密鍵とそれに対応した公開鍵を生成しておく。秘密鍵は作成したユーザのみが知る情報であり，安全に保管される必要がある。例えば，8.1.1項で述べたICカードが利用できる。一方，公開鍵は他のユーザに公開しておく。このとき署名者は，ディジ

タル署名を作成する前に，任意長のメッセージに対して，ハッシュ関数により固定長のデータを得ておく．そして，署名者は自分の秘密鍵を利用して署名を生成する．一方，任意の検証者はその署名者の公開鍵により，署名の正当性を検証できる (図 **8.2**)．

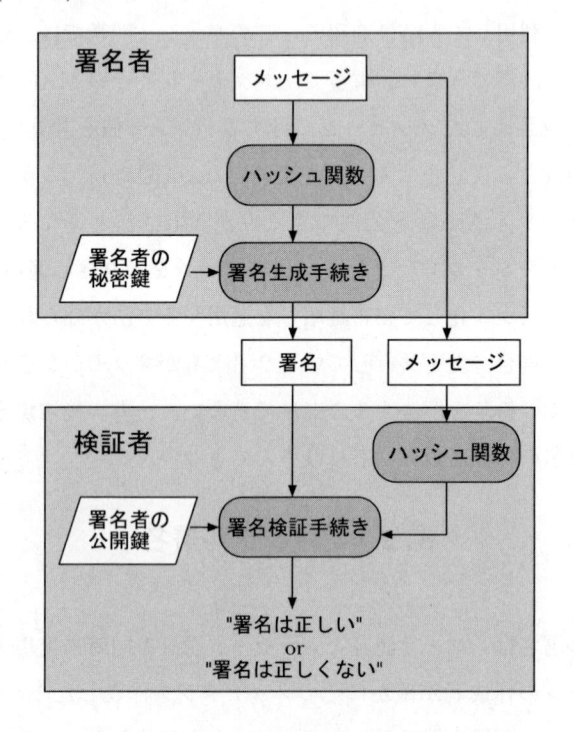

図 **8.2** ディジタル署名の生成と検証

ディジタル署名で必要な性質は，署名の**偽造不能性**である．偽造不能性とは，ユーザ U の秘密鍵を知らない他のすべての者は，あるメッセージに対する U の署名を新たに生成できないことである．この性質により，メッセージの改ざんは防止される．すなわち，メッセージ m と署名 s に対して，不正者がメッセージ m' に改ざんしようとしても，m' に対する新たな署名 s' を生成できないため，この改ざんは防がれる．

ディジタル署名においては，公開鍵を知る誰でもが検証をできるが，改ざん

はできない。一方，MACでも改ざんを防止することができるが，秘密鍵暗号に基づくため，あるMACに対しての検証者は一人(送信者と鍵を共有した者)であり，しかもその検証者は改ざんが可能なことに注意して欲しい。したがって，MACでは，送信者が確かにそのメッセージを生成したのかどうか確定しない(検証者が変更している可能性がある)。しかし，ディジタル署名では，署名者のみしか署名を生成できないため，確かにその者がメッセージを作成したことを保証できる。

8.2.2 公開鍵暗号に基づいた署名

公開鍵暗号に基づいたディジタル署名として，RSA署名，ElGamal署名，DSA署名などが実用化されている。ElGamal署名，DSA署名については，楕円曲線暗号を利用した方式も実用化されている。

RSA署名では，RSA暗号(7.1.2項参照)での暗号化処理，復号処理をそのまま利用する。ある公開鍵で暗号化を行う関数を $E(\cdot)$，対応する秘密鍵で復号を行う関数を $D(\cdot)$ と表記する。RSA暗号では，$D(E(m)) = m$ の関係を利用して公開鍵暗号が実現されている。一方，$E(D(m)) = m$ の関係も成り立ち，これによりディジタル署名が実現される。以降では，メッセージ m に対して，ハッシュ関数 h によりハッシュする。このとき，ハッシュされたデータ $h(m)$ に対する署名は $s = D(h(m))$ となり，メッセージ m とともに検証者に送られる。(m, s) に対して，検証者は，$E(s)$，$h(m)$ を生成し，それらが等しい場合に署名は正しいとする。s が正しく生成されているなら，$E(s) = E(D(h(m))) = h(m)$ であるため，検証者は検証に成功する。RSA暗号では，秘密鍵を保持している者しか $D(\cdot)$ の処理は行えない。こうして，署名者以外は，任意のメッセージ m に対して $s = D(h(m))$ を生成できず，偽造不能性が成り立つ。以下にRSA署名の具体的なアルゴリズムを示す。ここで，署名者のRSA暗号における秘密鍵を d，公開鍵を e，法を n とする。

RSA署名の生成　　ハッシュしたメッセージ $h(m) \in Z_n$ に対して，$s = D(h(m)) = h(m)^d \bmod n$ を計算し，s をメッセージ m の署名とする。

RSA 署名の検証　署名 s に対して, $v = E(s) = s^e \bmod n$ を計算し, 検証式 $v = h(m)$ が成立するなら署名は正しいとする. さもなければ, 署名は正しくないとする.

署名が正しく計算されているなら, $v = s^e = h(m)^{ed} = h(m) \pmod{n}$ であり, 検証式は成立する.

RSA 暗号とは別の公開鍵暗号として, ElGamal 暗号がある. ElGamal 暗号は, 離散対数を求めることが困難であること (離散対数問題, 7.1.3 項参照) に基づいている. 離散対数問題に基づいて構成されたディジタル署名が, ElGamal 署名, DSA 署名である. **DSA 署名**は, ElGamal 署名を修正した方式であり, NIST による標準化案である. 以下に DSA 署名のアルゴリズムを示す. DSA 署名では, RSA 暗号・署名とは異なり, 大きな素数 p を法として利用する. ただし, 別の大きな素数 q に対して $q|p-1$ とする (q は $p-1$ を割り切る). p, q の長さに関しては, 2004 年の時点では, それぞれ 1 024 ビット, 160 ビット取ることが推奨されている. そして, 既約剰余系 $\tilde{Z}_p$ の位数 q の要素を g とし, p, q, g を公開パラメータとする (p, q, g はすべての署名者で共通化してよい). この公開パラメータに対して, 署名者の秘密鍵は乱数 $x \in Z_q$ であり, 公開鍵は $y = g^x \bmod p$ となる. このとき, ハッシュしたメッセージ $h(m) \in \tilde{Z}_p$ に対する署名生成と検証は, 以下のようになる.

DSA 署名の生成　乱数 $r \in Z_q$ を生成し, $s = (g^r \bmod p) \bmod q$, $t = r^{-1}(h(m) + xs) \bmod q$ を計算する. このとき, (s, t) がメッセージ m の署名となる.

DSA 署名の検証署名　(s, t) に対して, $v_1 = t^{-1} \bmod q, v_2 = h(m)v_1 \bmod q, v_3 = sv_1 \bmod q$ を計算する. そして, 検証式 $s = (g^{v_2} y^{v_3} \bmod p) \bmod q$ が成立するか検証し, 成立するなら署名は正しいとする. さもなければ, 署名は正しくないとする.

署名が正しく生成されているなら, $g^{v_2} y^{v_3} = g^{v_2 + v_3 x} = g^{(h(m) + sx)t^{-1}} = g^r \pmod{p}$ より検証式は成立する.

離散対数問題は楕円曲線に基づいて構成することもでき (7.2.3項参照)，それに基づいた ElGamal 署名，DSA 署名も構成できる．

8.2.3 零知識証明と署名

ユーザ認証技術の一つとして，**零知識証明**がある．零知識証明では，ある関係式を満たす秘密情報を知っていることを証明できる．例えば，$y = f(x)$ なる関係式を考え，y を公開鍵，x を秘密鍵とする．ここで，f として逆関数を計算するのが困難な関数 (一方向性関数，8.1.2項参照) としておく．このとき，零知識証明では，$y = f(x)$ なる x を知っていることを，x の値を明かすことなく，証明できる．これにより，零知識証明は，つぎのようにユーザ認証として利用できる．各ユーザは秘密鍵 x をランダムに生成し，IC カードなどにより安全に保持する．また，公開鍵 $y = f(x)$ を生成して公開しておく．ユーザ認証を行う際にユーザは，零知識証明により $y = f(x)$ なる x を知ることを証明すればよい．x が検証者に送られることはないので，他の者 (検証者を含む) に秘密鍵 x を奪われることがない (一方向性関数のため，$y = f(x)$ からも x を得られない)．

零知識証明は，一般に対話型で構成される．すなわち，証明を行う者 (証明者) とその検証者が一つのプロトコルに参加し，対話的に通信を行う必要がある．一方，ディジタル署名では，署名者単独で署名生成が行え，検証者単独で検証可能となる．また，零知識証明ではメッセージ認証は行われないが，署名ではメッセージ認証も可能である．このように，零知識証明と署名は異なる点があるが，零知識証明に基づく任意のユーザ認証を署名に変換する方法が知られている．このように零知識証明から変換された署名を**知識の署名**と呼ぶ．知識の署名では，ある関係式を満たす秘密情報 (上記の例の場合は，$y = f(x)$ なる x) を知る者が確かにその文章を作成したことを保証できる．こうして，x を秘密鍵，y を公開鍵として，各ユーザと対応づけておけば，ディジタル署名として機能する．代表的な知識の署名として，**Schnorr 署名**が知られている．

Schnorr署名では，離散対数問題に基づく一方向性関数についての知識を証明できる．知識の署名は，後述のグループ署名でも利用される．

ここでは，知識の署名の簡単な例として，Schnorr署名を示す．Schnorr署名の基となる零知識証明は以下のとおりである．p, q, gをDSA署名と同様の値とし，公開パラメータとする．また，DSA署名と同様に，各ユーザの秘密鍵は$x \in Z_q$であり，公開鍵が$y = g^x \bmod p$となる．このとき，証明される一方向性関数$y = f(x)$は，$y = g^x \pmod{p}$である．離散対数の値を求めること(この場合は，公開情報p, q, gと関数値yから入力xの値を求めること)は困難であるため，この関数は一方向性関数となる．そして，この関数に対する零知識証明の対話型プロトコルは以下のとおりである．

1. xを知る証明者は，乱数$r \in Z_q$を生成し，$t = g^r \bmod p$を計算して，tを検証者に送信する．
2. 検証者は，乱数$c \in Z_q$を証明者に送信する．
3. 証明者は，$s = r - cx \bmod q$を計算して検証者に送信する．
4. 検証者は，検証式$t = g^s y^c \bmod p$が成立するかを検証し，成立するときのみ，証明者はxを知っているものと判断する．

証明者が正しく計算しているのなら，$g^s y^c = g^{s+cx} = g^r = t \pmod{p}$となり，検証式は成立する．このとき，署名者からの情報は乱数rによりマスクされているため，xに関する情報は漏れない．一方，乱数cをステップ1において知らないため，xを知らない者は検証式を満すようなt, sを生成できない．よって，上記プロトコルはxを知ることの証明となっている．

上記のプロトコルに対して，乱数cを，ステップ1のtとメッセージmを結合した値$t \| m$のハッシュ値$h(t \| m)$として計算することにより，検証者からの通信を省略することができ，署名(Schnorr署名)となる．このとき，hは一方向性関数であるため，cからtを計算できず，対話型の場合と同様に，xを知ることの証明となる．すなわち，ユーザ認証となる．また，cがメッセージmにも依存しているため，mをm'に改ざんしようとしても，$c' = h(t' \| m')$に対応するs'をxを知らない限り計算できないため，メッセージ認証としても

機能する。この Schnorr 署名の具体的なアルゴリズムを以下に示す。

Schnorr 署名の生成　　乱数 r を生成し，$t = g^r \bmod p$, $c = h(t\|m)$, $s = r - cx \bmod q$ を計算する。このときメッセージ m に対する署名は，(c, s) となる。

Schnorr 署名の検証　　署名 (c, s) に対して，$\tilde{t} = g^s y^c \bmod p$ を計算し，検証式 $c = h(\tilde{t}\|m)$ が成立するか検証する。成立するなら署名は正しいとする。さもなければ，署名は正しくないとする。

署名が正しく計算されているなら，対話型プロトコルと同様に，検証式は成立する。

8.2.4　PKI

秘密鍵暗号では，鍵を送信者と受信者の間で秘密裏に共有する必要がある。一方，公開鍵暗号やディジタル署名では公開鍵を他のユーザに公開できるため，このような鍵共有が必要ない。しかし，公開鍵とユーザとの対応関係が正しくなければ，成り済ましが可能となる。ある不正者がユーザ U の正規の公開鍵 y を改ざんし，自分の選んだ秘密鍵 x' に対応した公開鍵 y' を生成し，y' を U の公開鍵として公開することを考える。この場合，攻撃者は，秘密鍵 x' を用いて，任意のメッセージに対する署名を生成可能であり，U に成り済ますことが可能となってしまう。このような問題を解決するために，**公開鍵証明書**が用いられる。ユーザ U の公開鍵 y に対して，U と y の組をメッセージとして別の公開鍵 Y で署名することを考える。この署名を公開鍵 y の公開鍵証明書と呼ぶ。公開鍵 Y での署名により，U と y の対応を偽造することはできないため，この対応関係が保証されることになる。すなわち，y は U の公開鍵であることが保証される。現実の世界でも，印鑑がその人のものであるかどうか保証するために，印鑑証明を市役所などから発行してもらう。公開鍵証明書は，ディジタル署名における印鑑証明にあたるものである。

公開鍵証明書を用いたとしても，その証明書自体を偽造されてしまうなら問題は解決されない。証明書の正当性の問題を解決するための仕組み (社会的基

盤) が **PKI**(public key infrastructure) である．PKI では，CA(certification authority) と呼ばれる信頼できる機関を想定する．CA の公開鍵はなんらかの方法で保証されて検証者に伝達されていることを仮定する．例えば，CA の公開鍵をソフトウェア (Web ブラウザなど) に埋め込むことが考えられる．また，CA は不正を行わないことを仮定する．ここでの不正とは，ユーザと公開鍵の対応関係が正しくない証明書を発行しないという意味である．このような仮定の基で，CA による公開鍵証明書によりユーザの公開鍵の正当性が保証される．

8.3 認証におけるプライバシー問題

8.3.1 ユーザの履歴情報の問題

ユーザ認証およびディジタル署名の目的は本人確認であるため，検証者は確実に，アクセスしてきているユーザの名前，もしくはデータの作成者を把握することができる．このことを利用したアプリケーションとしては，以下が考えられる．インターネットにおいて，あるサービス提供者は，登録されたユーザにのみサービスを提供したい．これを実現するために，ユーザにユーザ認証を行わせ，登録されていることを確認してから，サービス提供を行う．これにより，不正ユーザからのアクセスを拒否できるが，その一方でプライバシー問題を引き起こし得る．なぜなら，そのユーザがどのようなサービスを利用してきたかを示す履歴をサービス提供者側は把握できるためである．例えば，映画などのディジタルコンテンツ配信サービスの場合，各ユーザがどのようなコンテンツを視聴しているのかを配信者は確実に把握できてしまう．さらに，これらの履歴情報を他にリークされたとしても，ユーザはまったく関知できない．その対策が大きな課題である．

8.3.2 ブラインド署名による解決策と問題点

ユーザのプライバシー保護のために，暗号技術を利用したディジタル署名の拡張として，ブラインド署名[26] が提案されている．ブラインド署名では，署

8.3 認証におけるプライバシー問題

受取人
署名者の公開鍵
メッセージ m

$E(m)$ を生成

→ $E(m)$

← $S(E(m))$

$D(S(E(m)))$ により $S(m)$ を得る

署名者
署名者の秘密鍵

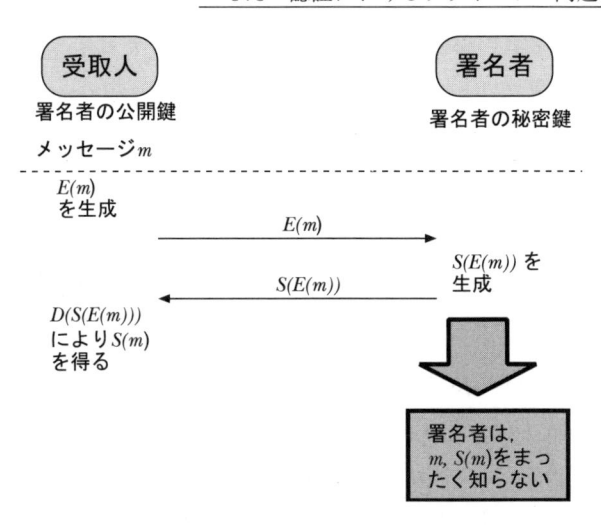

$S(E(m))$ を生成

署名者は, $m, S(m)$ をまったく知らない

図 **8.3** ブラインド署名の署名方法

名者と署名の受取人との間で通信を行うことで，署名が生成される (図 **8.3**)。

しかし，署名されるメッセージ m は，署名者でなく，受取人が選ぶことに注意してほしい。このとき，暗号 (暗号化関数を $E(\cdot)$, 復号関数を $D(\cdot)$ とする) と，通常のディジタル署名 (署名生成関数を $S(\cdot)$ とする) の両方を利用する。まず，受取人は署名してほしいメッセージ m (ハッシュ済のメッセージとする) に対して，そのメッセージを暗号化して署名者に送信する ($E(m)$)。それを受け取った署名者は，暗号文に対して署名を施し受取人に返信する ($S(E(m))$)。それに対して，最終的に受取人は，復号を行う ($D(S(E(m))))$。ブラインド署名では，$D(S(E(m))) = S(m)$ なる関係をもつため，最終的に得られるのは，m に対するディジタル署名となる。さらにこのプロトコルでは，暗号 E のために，署名者はメッセージ m とその署名 $S(m)$ を一切知ることができない。こうして，多数の受取者に署名を発行した場合，受取人と発行した署名とをリンクすることができず，署名から受取人が誰であるか判断できなくなる。RSA 署名を拡張したブラインド署名や，離散対数問題に基づいたブラインド署名が知られている。以下に，ブラインド RSA 署名の具体的な方式を示す[26]。8.2.2

項と同様に，署名者の秘密鍵を d，公開鍵を e，法を n とする．このとき，ブラインド署名生成プロトコルは以下のとおりである．

1. 受取人は，自分の選んだメッセージ $m \in Z_n$ に対して，乱数 $w \in Z_n$ を生成し，$E(m) = w^e m \bmod n$ を計算する．そして，$E(m)$ を署名者に送信する．

2. 署名者は，$S(E(m)) = E(m)^d \bmod n$ を計算して，$S(E(m))$ を受取人に返信する．このとき，受取人，署名者が正しく計算しているなら，$S(E(m)) = (w^e m)^d = w^{ed} m^d = w m^d \pmod{n}$ が成立する．

3. 受取人は，$D(S(E(m))) = S(E(m))/w \bmod n$ を計算する．$S(E(m))/w = w m^d / w = m^d \pmod{n}$ であるため，受取人は RSA 署名 $S(m) = m^d \bmod n$ を得たことになる．

上記プロトコルでは，乱数 w でマスクしているため，$E(m), S(E(m))$ から m や m^d が署名者に漏れないことに注意してほしい．

8.3.1 項で説明したプライバシーの問題を解決するために，ブラインド署名を応用することが考えられる．サービス提供者は，登録したユーザに対して，ブラインド署名により，そのユーザの選んだ乱数メッセージ r に対する署名 $S(r)$ を発行する．一方サービス利用時には，ユーザは提供者に $(r, S(r))$ を送信し，登録済であることを証明する．署名 $S(r)$ は提供者しか作成できないため，不正なアクセスを防止可能となる．また，$(r, S(r))$ とユーザをリンクできないため，匿名性が維持される．通常のディジタル署名や後述のグループ署名の応用では，ユーザは自分の作成した署名をサービス提供者に送信する．しかし，ブラインド署名の応用では，ユーザはあらかじめ受け取ったサービス提供者の署名を送信していることに注意してほしい．

しかし，上記の方法では，$(r, S(r))$ とユーザはリンクできなくなっているものの，同一の $(r, S(r))$ を用いて複数のサービスを受けた場合，それらのサービスがリンクされ，同一のユーザにより利用されたことが提供者に知られてしまう（図 **8.4**）．すなわち，誰だかはわからないが，各ユーザの利用履歴が特定

8.3 認証におけるプライバシー問題

ユーザ
(ブラインド署名の受取人)

署名者の公開鍵
乱数：r
サービス提供者による
rのブラインド署名：$S(r)$

サービス提供者
(ブラインド署名の署名者)

署名者の秘密鍵

提供者は,
rと$S(r)$を知らない

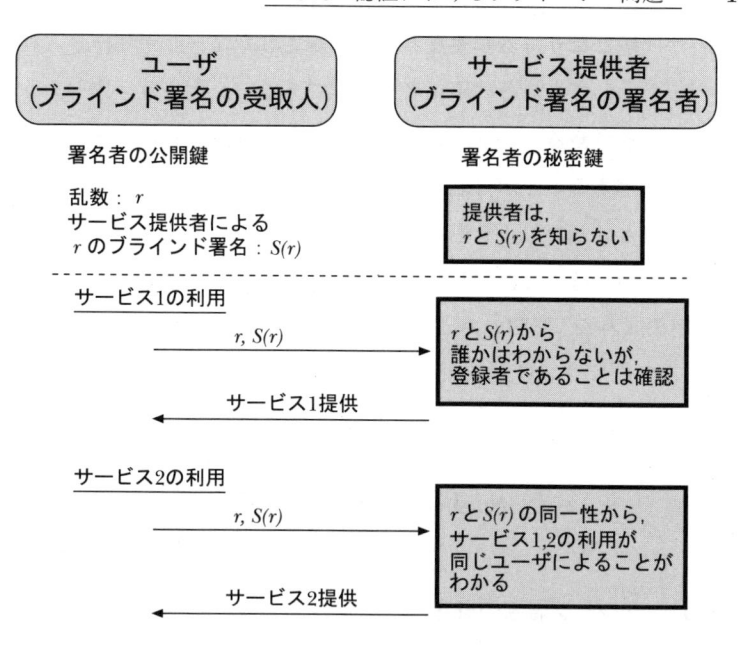

サービス1の利用
→ $r, S(r)$
rと$S(r)$から誰かはわからないが, 登録者であることは確認
← サービス1提供

サービス2の利用
→ $r, S(r)$
rと$S(r)$の同一性から, サービス1,2の利用が同じユーザによることがわかる
← サービス2提供

図 **8.4** ブラインド署名利用におけるリンクの問題

されてしまう。このことは大した問題でないように思えるが，もし仮にある特定のサービス利用についてユーザが判明してしまった場合，リンクされた利用履歴からそのユーザのすべての履歴が判明してしまう。また，匿名の利用履歴から利用時刻，利用頻度，嗜好，習慣などを抽出することが可能であるため，これらの情報を利用してユーザが特定できる可能性もある。

このようなリンクの問題を解決する方法として，ユーザは多数の異なる $(r, S(r))$ を取得しておき，一定期間おきに，サービス利用時に送る $(r, S(r))$ の値を変えることが考えられる。しかし，多数のデータを保持しなければならないという問題が残る。

8.3.3 匿名ユーザによる不正の問題

8.3.2項で示したように，ブラインド署名により匿名でのユーザ認証が (多数のデータを保持する必要があるものの) 可能となるが，一方で匿名ユーザの

不正行為が問題となり得る。すなわち，登録されたユーザがサービス利用時に不正を行ったとしても，その不正者を特定できない。例えば，オークションを提供することを考える。ブラインド署名により，登録されたユーザのみがオークションに参加することが可能となるが，あるユーザが入金しないとか落札物品を送らないといった不正を働いたとしても，提供者はその不正者を特定することができない。そこで，ブラインド署名を拡張することにより，ある指定された(警察のような)機関のみが不正者を特定可能となるような方式も提案されてきている[27]。しかし，この方式もブラインド署名であるため，8.3.2項で述べたリンクの問題は残る。

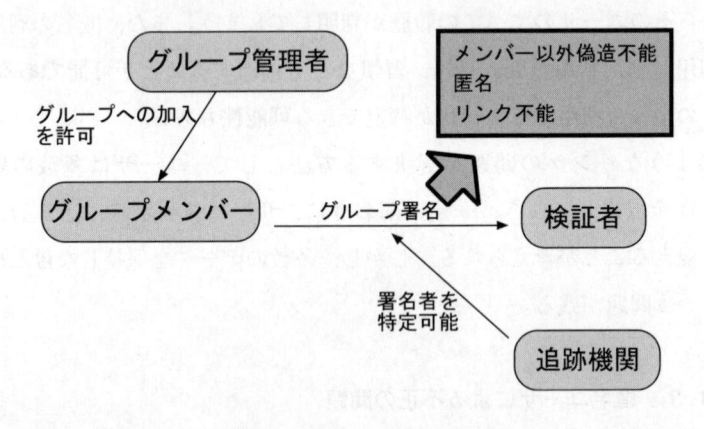

8.4 グループ署名

8.4.1 グループ署名の概念

8.3節で示した背景において，近年盛んに研究されている署名技術として，グループ署名[28]がある。グループ署名は，以下の性質を満たす(図8.5)。

偽造不能性 ある特定グループのメンバーのみが署名を作成することができる。

図8.5 グループ署名

匿名性 通常の検証者は，どのメンバーが署名を作成したのか判断できない。

リンク不能性 通常の検証者は，任意の二つの署名が同じ者により作成されたかどうかを判断できない。

追跡可能性 なにか不正が発生した際に，指定された**追跡機関**のみは，署名の署名者を特定できる。

グループ署名では，上記の追跡機関に加えて，**グループ管理者**と呼ばれる特別な機関を必要とする。グループ管理者は，あるユーザがグループに加入し，メンバーとなることを許可する権限を持つ。

グループ署名を用いると，8.3節で示した問題が以下のように解決される。まず，サービス提供者は，グループ管理者として，サービス提供を許可するユーザのみをグループに加入させる。サービス提供時には，各ユーザは，グループのメンバーとして，乱数 r とそのグループ署名 $GS(r)$ を生成し，$(r, GS(r))$ を提供者に送信する。提供者は，グループ署名の正当性を確認し，正しければサービス提供を行う。このとき，匿名性，リンク不能性から，ブラインド署名の際の，利用履歴の問題が発生しないことに注意してほしい。加えて，匿名のユーザによる不正が発生した場合，追跡可能性により，追跡機関がその不正者を特定できる。

8.4.2 グループ署名の原理

グループ署名は，通常のディジタル署名および公開鍵暗号に，知識の署名 (8.2.3項参照) を組み合わせることにより，原理的には以下のように実現される。

事前準備 グループ管理者はあらかじめディジタル署名の公開鍵，秘密鍵を生成しておく。その秘密鍵による署名生成関数を $S(\cdot)$ とする。一方，追跡機関もあらかじめ公開鍵暗号の公開鍵，秘密鍵を生成しておく。その公開鍵による暗号化関数を $E(\cdot)$ とする。さらに，公開された一方向性関数 $f(\cdot)$ を利用する。

登録 あるユーザがグループに加入したい場合，以下の登録プロトコルを行う (図 **8.6**)。

1. ユーザは乱数 x を生成し，$f(x)$ をグループ管理者に送信する。
2. グループ管理者は，$f(x)$ のディジタル署名 $S(f(x))$ を計算し，ユーザに返信する。

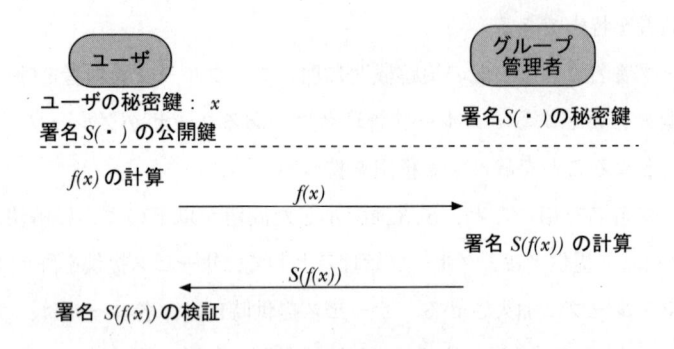

```
ユーザ                                          グループ
                                                 管理者
ユーザの秘密鍵: x
署名 S(・) の公開鍵                        署名 S(・) の秘密鍵
─────────────────────────────────────────────
f(x) の計算
              ────── f(x) ──────▶
                                         署名 S(f(x)) の計算
              ◀───── S(f(x)) ─────
署名 S(f(x)) の検証
```

図 **8.6** 登録プロトコル

$S(f(x))$ は署名でありグループ管理者しか生成できないため，グループ管理者が許可した者しか $S(f(x))$ を保持できないことに注意してほしい。すなわち，$S(f(x))$ の所有している者が，グループのメンバーである。加えて，$f(x)$ を使用しているため，グループ管理者は x の値がわからない。

署名生成 x と $S(f(x))$ を保持するグループメンバーは，以下のようにしてメッセージ m に対するグループ署名を生成する (図 **8.7**)。

1. グループメンバーは，グループ管理者から発行された $S(f(x))$ から暗号文 $c = E(S(f(x)))$ を生成する。
2. グループメンバーは，関係式 $c = E(S(f(x)))$ なる秘密情報 x を知る者による知識の署名を作成する (ここで署名されるメッセージは m である)。これにより，c は確かに $S(f(x))$ の暗号文であること，およびグループ管理者の署名 $S(f(x))$ を所有していることが，$S(f(x)), f(x), x$ を明かすことなく証明される。

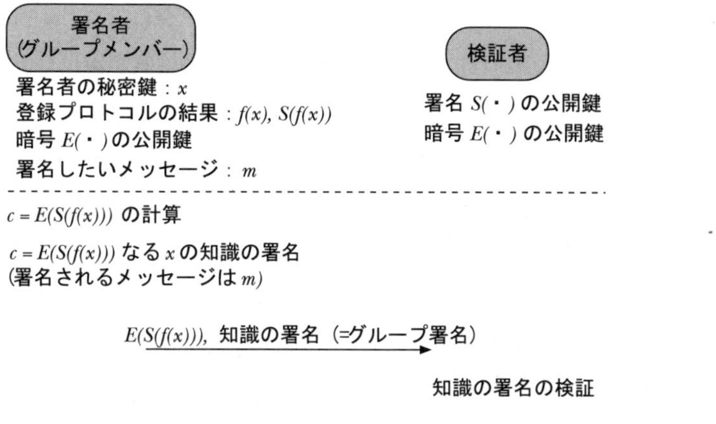

8.4 グループ署名

```
┌─────────────────────────┐                    ┌──────────┐
│   署名者                 │                    │  検証者   │
│ (グループメンバー)        │                    └──────────┘
└─────────────────────────┘
 署名者の秘密鍵 : $x$                          署名 $S(\cdot)$ の公開鍵
 登録プロトコルの結果 : $f(x), S(f(x))$          暗号 $E(\cdot)$ の公開鍵
 暗号 $E(\cdot)$ の公開鍵
 署名したいメッセージ : $m$
```

$c = E(S(f(x)))$ の計算

$c = E(S(f(x)))$ なる x の知識の署名
(署名されるメッセージは m)

　　　　　　　$E(S(f(x))),$ 知識の署名 (=グループ署名)
　　　　　　　────────────────────────▶
　　　　　　　　　　　　　　　　　　　　　知識の署名の検証

図 **8.7**　グループ署名生成と検証

グループ署名は，$E(S(f(x)))$ と知識の署名からなる．

署名検証　グループ署名を受け取った者は，知識の署名を検証することにより，グループ署名が正しいかどうか確認できる．

署名者追跡　追跡機関があるグループ署名の署名者を特定したい場合，以下を行う (図 **8.8**)．

1. 追跡機関は，該当のグループ署名中の $E(S(f(x)))$ を復号し，$S(f(x))$ を得る．
2. 追跡機関は，グループ管理者に問い合せて，登録プロトコル時に $S(f(x))$

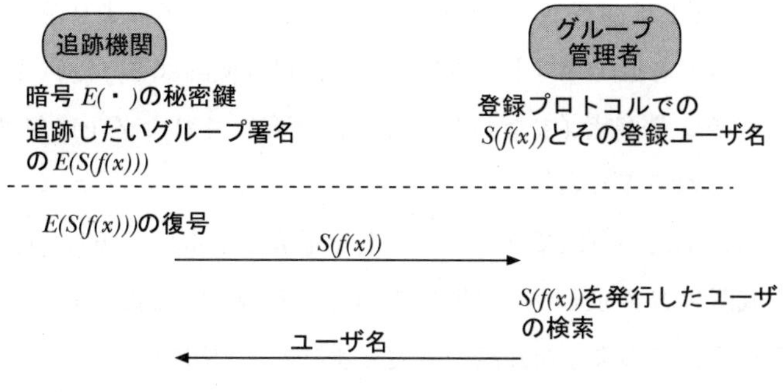

```
┌──────────┐                         ┌──────────┐
│  追跡機関 │                         │  グループ │
└──────────┘                         │  管理者   │
                                     └──────────┘
 暗号 $E(\cdot)$ の秘密鍵              登録プロトコルでの
 追跡したいグループ署名                 $S(f(x))$ とその登録ユーザ名
 の $E(S(f(x)))$
```

　$E(S(f(x)))$ の復号　　　　$S(f(x))$
　　　　　　　　　　　────────────▶
　　　　　　　　　　　　　　　　　　　　$S(f(x))$ を発行したユーザ
　　　　　　　　　　　　ユーザ名　　　　の検索
　　　　　　　　　　　◀────────────

図 **8.8**　署名者追跡プロトコル

を発行したグループメンバーの名前を取得する。

以下では，上記の原理的構成がグループ署名の各性質を満足していることを検証する。

偽造不能性　グループ署名における知識の署名は，$x, S(f(x))$ を知らないと作成できない。$S(f(x))$ を持つグループメンバーとグループ管理者以外は，$S(f(x))$ を作成できない。また，グループ管理者も x を知らない（$f(x)$ から x を生成できない）。こうして，他の者による偽造は防止される。

匿名性　グループ署名と $S(f(x))$ や $f(x)$ とをリンクできれば，署名者追跡と同様に，署名者を特定できることに注意してほしい。しかし，グループ署名における $E(S(f(x)))$ は暗号文であり，$S(f(x))$ を取り出すことは（追跡機関を除いて）できない。また，知識の署名からも，$x, f(x), S(f(x))$ のいずれの情報も得られない。こうして，グループ署名と $S(f(x)), f(x)$ をリンクすることができず，署名者の名前は秘匿される。

リンク不能性　二つのグループ署名中の $S(f(x))$ が同一かどうか確認できるなら，それらは同一の署名者によるものだと判断できる。しかし，匿名性で述べたように，グループ署名から $S(f(x))$ の情報を得ることはできないため，リンク不能性は満たされる。

追跡可能性　登録プロトコルにおける $S(f(x))$ はグループの各メンバーと一対一で対応づけられる情報である。一方，グループ署名中における $E(S(f(x)))$ が正しく生成されていることは，知識の署名により証明されている。よって，署名者追跡プロトコルにおいて，追跡機関は $S(f(x))$ を必ず復号することができ，署名者（すなわち $S(f(x))$ が発行されたグループメンバー）を特定することができる。

原理的には，上記の方法でグループ署名を構成できる。しかし，暗号化関数 E，署名生成関数 S の正しさを証明できる知識の署名が必要となる。このとき問題となるのが，このような知識の署名を任意の E, S に対して"効率的に"構成する方法は知られていないことである。一方，ある特殊な E, S に対する知

8.4 グループ署名

識の署名の効率的な構成法は知られている.こうして,そのような E, S, 知識の署名を用いて,上記の原理に基づいた効率的なグループ署名を構成できる.それでも,現在提案されている最も効率的なグループ署名[28]は,RSA 署名の 10 倍程度,DSA 署名や Schnorr 署名の 50 倍以上もの署名生成時間を要する.これは,PC レベルでは十分実用的な時間であるものの,リソースの乏しい IC カードなどで実行させるには不十分である.こうして,署名生成時間の削減は今後の大きな課題である.また,ここではグループへの加入のみしか取り上げていないが,多くのアプリケーションでは,ユーザをグループから除外することも必要となる.しかし,上記した原理に基づく方式では,グループからの除外は容易ではない (章末の課題を参照).そこで,グループからの除外を容易に行えるような方式の研究が盛んに行われている[29]。

課　題

【1】 本章で紹介したグループ署名の原理では,グループ管理者があるユーザをグループから除外しようとしても,容易には行えない.その理由について考察せよ.

【2】 本章では登録ユーザへのサービスでの認証におけるプライバシー保護について取り上げたが,他にもさまざまなネットワークサービスにおいてプライバシーの問題は考えられる.そのようなサービスを一つ取り上げて,どのようなプライバシー問題が起こり得るのか,またどのようにすれば解決できるのかについて考察せよ.

引用・参考文献

1) 日本情報処理開発協会（JIPDEC）：「ISMS ガイド (Ver. 1.0)」
2) 日本情報処理開発協会（JIPDEC）：ホームページ 情報セキュリティマネジメントシステム (ISMS) 適合性評価制度 (http://www.isms.jipdec.jp/)
3) NPO 日本ネットワークセキュリティ協会：「2002 年度情報セキュリティインシデントに関する調査報告書」
4) NPO 日本ネットワークセキュリティ協会ホームページ：情報セキュリティポリシー・サンプル 0.92a 版 ポリシー・サンプル 解説書 (http://www.jnsa.org/policy/guidance/index.html)
5) 総務省ホームページ：国民のための情報セキュリティサイト (http://www.soumu.go.jp/joho_tsusin/security/index.htm)
6) 総務省ホームページ：地方公共団体における情報セキュリティ対策に関する調査研究報告書 (http://www.soumu.go.jp/kokusai/pdf/security.pdf)
7) トレンドマイクロ株式会社ホームページ：ウィルス対策基礎知識 (http://www.trendmicro.com/jp/security/general/what/overview.htm)
8) 株式会社アットマーク・アイティホームページ：セキュリティ用語辞典 (http://www.atmarkit.co.jp/fsecurity/dictionary/indexpage/securityindex.html)
9) IPA 情報処理振興事業協会：調査・研究報告書 情報セキュリティ読本
10) IPA 情報処理振興事業協会：調査・研究報告書 本人認証技術の現状に関する調査
11) リクルートキーマンズネット ホームページ：「製品購入ウラづけガイド」 (http://www.keyman.or.jp/)
12) 岡本龍明, 山本博資：現代暗号, 産業図書 (1997)
13) 和田和男：コンピュータと素因子分解, 遊星社 (1987)
14) M.Agrawal, N.Kayal and N.Saxena：" Primes in P " (2002)
15) 西野哲朗：量子コンピュータ入門, 電機大出版局 (1997)

16) 嵩忠雄, 都倉信樹, 岩垂好裕, 稲垣康善：符号理論, コロナ社 (1975)

17) I.Blake, N.Smart and G.Seroussi(鈴木治郎 訳)：楕円曲線暗号, ピアソンエデュケーション (2001)

18) T.Satoh："The canonical lift of an ordinary elliptic curve over a finite field and its point counting," J. Ramanujan Math. Soc., 15(2000)

19) M.Fouquet, P.Gaudry and R.Harley："An extension of Satoh's algorithm and its implementation," J. Ramanujan Math. Soc., 15(2000)

20) T.Kobayashi, H.Morita, K.Kobayashi and F.Hoshino："Fast Elliptic Curve Algorithm Combining Frobenius Map and Table Reference to Adopt to Higher Characteristic," EUROCRYPT'99, LNCS 1592(1999)

21) D.Bailey and C.Paar："Optimal Extension Fields for Fast Arithmetic in Public-Key Algorithms," Proc. Asiacrypt2000, LNCS 1976(2000)

22) D.Han, K.Yoon, Y.Park, C.Kim and J.Lim："Optimal Extension Fields for XTR," Proc. of SAC2002, LNCS 2595(2003)

23) 岡本栄司：暗号理論入門, 共立出版 (2002)

24) 宮地充子, 菊池浩明編：情報セキュリティ, オーム社 (2003)

25) A.J.Menezes, P.C.van Oorschot and S.A.Vanstone："Handbook of Applied Cryptography," CRC Press(1997)

26) D.Chaum："Blind signatures for untraceable payments," Advances in Cryptology: Proceedings of CRYPTO '82, pp.199–203, Plenum Press(1983)

27) M.Stadler, J.Piveteau and J.Camenisch："Fair Blind Signatures," Advances in Cryptology — EUROCRYPT 1995, LNCS 921, pp.209–219, Springer-Verlag(1995)

28) G. Ateniese, J. Camenisch, M.Joye and G. Tsudik："A practical and provably secure coalition-resistant group signature scheme," Advances in Cryptology — CRYPTO 2000, LNCS 1880, pp.255–270, Springer-Verlag(2000)

29) J. Camenisch and A. Lysyanskaya："Dynamic accumulators and application to efficient revocation of anonymous credentials," Advances in Cryptology — CRYPTO 2002, LNCS 2442, pp.61–76, Springer-Verlag (2002)

索引

【D】
DDos 攻撃　　12, 24
Dos 攻撃　　12, 24
DSA 署名　　144

【I】
IC カード　　139
IDP　　30
IT 感応度　　17

【M】
MAC　　141
MDC　　140

【P】
PKI　　148

【R】
RSA 署名　　143

【S】
Schnorr 署名　　145

【あ】
アイデンティティ・マネジメント　　35
アクセスコントロール　　35
アノマラス楕円曲線　　132

【い】
異常検知　　29
位　数　　122
一方向性関数　　140
インシデント被害額　　13

【う】
ウイルス　　9
ウイルス対策　　22

【お】
オイラー関数　　115

【か】
改ざん　　11
可換群　　121
拡張ユークリッド法の互除法　　123
監査制度　　61
監査責任者　　51
完全剰余系　　114
管理責任者　　51

【き】
記　憶　　33
逆　限　　122
既約剰余系　　114
脅　威　　5
狭義の情報資産　　19
挙動解析　　78

【く】
クライアント認証　　31
グループ署名　　152
群　　121

【こ】
公開鍵　　117
公開鍵証明書　　147
攻撃パターン　　8
高速指数演算法　　135
コンテキスト　　66

【さ】
サーバ認証　　31
サービス制御　　73
サービス妨害対策　　23

【し】
シグネチャ技術　　70
事故・災害　　12
システム的マネジメント　　51
情報資産　　1, 39
情報システム　　19
剰余類　　114
所　持　　33
シングル・サインオン　　36
侵　入　　8

【す】
ステートフルインスペクション　　66

【せ】
セキュリティアセスメント　　93
セキュリティ運用　　57
セキュリティ管理体制　　50
セキュリティ攻撃者（ハッカー）　　4
セキュリティポリシー　　52, 85
セキュリティマネジメント　　47
零知識証明　　145

【そ】
組織的マネジメント　　50
ソーシャルエンジニアリング　　12
素　体　　123

【た】
体　　121
楕円加算　　125
楕円 2 倍算　　125
単位限　　122

【ち】
知識の署名　　147
超特異楕円曲線　　129

【て】
ディジタル署名　　141

【と】

盗聴	11
特異楕円曲線	126
特異点	126
トレース	127

【な】

成り済まし	11

【に】

認証	138

【は】

バイオメトリクス	33
バックアップ	45
パケットフィルタリング	21, 64
ハッシュ関数	139
パッチコントロール	81

【ひ】

非特異楕円曲線	126
被害額	13
秘密鍵	117
標数	124

【ふ】

ファイアウォール	20
フィルタリング	40
不作為の作為	13
不正侵入検知 (IDS)	28, 75
ブラインド署名	148
プロビジョニング	36
紛失	12

【へ】

平方根	136
平方剰余	136
平方非剰余	136

【ほ】

法的マネジメント	51
ポストファイアウォール	64

【み】

未知攻撃	77

【む】

無限遠点	124

【め】

メッセージ認証	139

【も】

持ち出し	12

【ゆ】

有限体	121
有理点	124
ユーザ認証	32

【り】

離散対数問題	125

【わ】

ワンタイムパスワード	33

―― 編著者略歴 ――

持田　敏之（もちだ　としゆき）
1977 年	青山学院大学理工学部電気電子工学科卒業
1977 年	NEC 情報サービス株式会社勤務
2001 年	NEC ネクサソリューションズ株式会社勤務
2002 年	岡山大学工学部非常勤講師
2004 年	NEC ネクサソリューションズ株式会社コンサルティング部長
	現在に至る

舩曳　信生（ふなびき　のぶお）
1984 年	東京大学工学部計数工学科卒業
1984 年	住友金属工業株式会社勤務
1991 年	ケースウエスタンリザーブ大学大学院修士課程修了（電気工学専攻）
1993 年	工学博士（東京大学）
1994 年	大阪大学講師
1995 年	大阪大学助教授
2001 年	岡山大学教授
	現在に至る

情報セキュリティ対策の要点 ――実務と理論――
Information Security Management Guideline ―Practice and Theory―
© Mochida, Funabiki 2005

2005 年 1 月 13 日　初版第 1 刷発行

検印省略		
	編 著 者	持　田　敏　之
		舩　曳　信　生
	発 行 者	株式会社　コロナ社
	代 表 者	牛来辰巳
	印 刷 所	三美印刷株式会社

112-0011　東京都文京区千石 4-46-10
発行所　株式会社　コロナ社
CORONA PUBLISHING CO., LTD.
Tokyo Japan
振替 00140-8-14844・電話(03)3941-3131(代)
ホームページ　http://www.coronasha.co.jp

ISBN 4-339-02406-6　　（金）　（製本：愛千製本所）
Printed in Japan

無断複写・転載を禁ずる
落丁・乱丁本はお取替えいたします

コンピュータ数学シリーズ

(各巻A5判)

■編集委員　斎藤信男・有澤　誠・筧　捷彦

配本順			頁	定価
2.(9回)	組合せ数学	仙波一郎著	212	2940円
3.(3回)	数理論理学	林　晋著	190	2520円
10.(2回)	コンパイラの理論	大山口通夫著	176	2310円
11.(1回)	アルゴリズムとその解析	有澤　誠著	138	1733円
15.(5回)	数値解析とその応用	名取　亮著	156	1890円
16.(6回)	人工知能の理論 (増補)	白井良明著	182	2205円
20.(4回)	超並列処理コンパイラ	村岡洋一著	190	2415円
21.(7回)	ニューラルコンピューティング	武藤佳恭著	132	1785円
22.(8回)	オブジェクト指向モデリング	磯田定宏著	156	2100円

以下続刊

1. 離散数学　難波完爾著
2. 符号化の理論　今井秀樹著
3. 計算モデル　小谷善行著
4. プログラムの意味論　萩野達也著
5. オペレーティングシステムの理論　斎藤信男著
6. コンピュータグラフィックスの理論　金井崇著
7. 文字処理の理論

4. 計算の理論　町田元著
6. 情報構造の数理　中森真理雄著
8. プログラムの理論
12. データベースの理論
14. システム性能解析の理論　亀田壽夫著
18. 数式処理の数学　渡辺隼郎著

定価は本体価格+税5%です。
定価は変更されることがありますのでご了承下さい。

図書目録進呈◆

電子情報通信レクチャーシリーズ

■(社)電子情報通信学会編　　　(各巻B5判)

共通

配本順				頁	定価
A-1		電子情報通信と産業	西村吉雄著		
A-2		電子情報通信技術史	技術と歴史研究会編		
A-3		情報社会と倫理	笠原正雄 土屋俊 共著		
A-4		メディアと人間	原島博 北川高嗣 共著		
A-5	(第6回)	情報リテラシーとプレゼンテーション	青木由直著	216	3570円
A-6		コンピュータと情報処理	村岡洋一著		
A-7		情報通信ネットワーク	水澤純一著		
A-8		マイクロエレクトロニクス	亀山充隆著		
A-9		電子物性とデバイス	益一哉著		

基礎

B-1		電気電子基礎数学	大石進一著		
B-2		基礎電気回路	篠田庄司著		
B-3		信号とシステム	荒川薫著		
B-4		確率過程と信号処理	酒井英昭著		
B-5		論理回路	安浦寛人著		
B-6	(第9回)	オートマトン・言語と計算理論	岩間一雄著	186	3150円
B-7		コンピュータプログラミング	富樫敦著		
B-8		データ構造とアルゴリズム	今井浩著		
B-9		ネットワーク工学	仙田石村正和裕 共著		
B-10	(第1回)	電磁気学	後藤尚久著	186	3045円
B-11		基礎電子物性工学	阿部正紀著		
B-12	(第4回)	波動解析基礎	小柴正則著	162	2730円
B-13	(第2回)	電磁気計測	岩崎俊著	182	3045円

基盤

C-1	(第13回)	情報・符号・暗号の理論	今井秀樹著	220	3675円
C-2		ディジタル信号処理	西原明法著		
C-3		電子回路	関根慶太郎著		
C-4		数理計画法	福島雅夫 山下信雄 共著		
C-5		通信システム工学	三木哲也著		
C-6		インターネット工学	後藤滋樹著		
C-7	(第3回)	画像・メディア工学	吹抜敬彦著	182	3045円

配本順				頁	定価
C-8		音声・言語処理	広瀬啓吉 著		
C-9	(第11回)	コンピュータアーキテクチャ	坂井修一 著	158	2835円
C-10		オペレーティングシステム	徳田英幸 著		
C-11		ソフトウェア基礎	外山芳人 著		
C-12		データベース	田中克己 著		
C-13		集積回路設計	鳳紘一郎・浅田邦博 共著		
C-14		電子デバイス	舛岡富士雄 著		
C-15	(第8回)	光・電磁波工学	鹿子嶋憲一 著	200	3465円
C-16		電子物性工学	奥村次徳 著		

展開

D-1		量子情報工学	山崎浩一 著		
D-2		複雑性科学	松本隆・相澤洋二 共著		
D-3		非線形理論	香田徹 著		
D-4		ソフトコンピューティング	山川烈 著		
D-5		モバイルコミュニケーション	中川正雄・大槻知明 共著		
D-6		モバイルコンピューティング	中島達夫 著		
D-7		データ圧縮	谷本正幸 著		
D-8	(第12回)	現代暗号の基礎数理	黒澤馨・尾形わかは 共著	198	3255円
D-9		ソフトウェアエージェント	西田豊明 著		
D-10		ヒューマンインタフェース	西田正吾・加藤博一 共著		
D-11		画像光学と入出力システム	本田捷夫 著		
D-12		コンピュータグラフィックス	山本強 著		
D-13		自然言語処理	松本裕治 著		
D-14	(第5回)	並列分散処理	谷口秀夫 著	148	2415円
D-15		電波システム工学	唐沢好男 著		
D-16		電磁環境工学	徳田正満 著		
D-17		VLSI工学	岩田穆・角南英夫 共著		
D-18	(第10回)	超高速エレクトロニクス	中村徹・三島友義 共著	158	2730円
D-19		量子効果エレクトロニクス	荒川泰彦 著		
D-20		先端光エレクトロニクス	大津元一 著		
D-21		先端マイクロエレクトロニクス	小柳光正 著		
D-22		ゲノム情報処理	高木利久 著		
D-23		バイオ情報学	小長谷明彦 著		
D-24	(第7回)	脳工学	武田常広 著	240	3990円
D-25		医療・福祉工学	伊福部達 著		

定価は本体価格+税5%です。
定価は変更されることがありますのでご了承下さい。

図書目録進呈◆

情報・技術経営シリーズ

(各巻A5判)

■企画世話人　薦田憲久・菅澤喜男

			頁	定価
1.	企業情報システム入門	薦田憲久　矢島敬士 共著	230	2940円
2.	製品・技術開発概論	菅澤喜男　国広誠 共著	168	2100円
3.	経営情報処理のための知識情報処理技術	辻洋　大川剛直 共著	176	2100円
4.	経営情報処理のためのオペレーションズリサーチ	栗原謙三　明石吉三 共著	200	2625円
5.	情報システム計画論	西村一則　坪根直　栗田学毅 共著	202	2625円
6.	コンピュータ科学入門	布広永示　菅澤喜男 共著	184	2100円
7.	高度知識化社会における情報管理	村山博　大貝晴俊 共著	198	2520円
8.	コンペティティブ テクニカル インテリジェンス	M.Coburn 著　菅澤喜男 訳	166	2100円
9.	ビジネスプロセスのモデリングと設計	小林隆 著		近刊

以下続刊

流通情報システム	楠崎哲生　奥村雅彦 共著	カップリングポイント 在庫計画理論	光國光七郎 著
メディア・コミュニケーション論	矢島敬士 著	ビジネスシステムのシミュレーション(仮)	薦田憲久他 著
ビジネス情報システム(仮)	薦田憲久他 著		

定価は本体価格+税5％です。
定価は変更されることがありますのでご了承下さい。

図書目録進呈◆